DA S...RIA
DE CRISTAL

O CRIME DA GALERIA DE CRISTAL

E OS DOIS CRIMES DA MALA
SÃO PAULO, 1908-1928

—

BORIS FAUSTO

COMPANHIA DAS LETRAS

*Grafia atualizada segundo o Acordo Ortográfico
da Língua Portuguesa de 1990,
que entrou em vigor no Brasil em 2009.*

CAPA E PROJETO GRÁFICO
Raul Loureiro

FOTO DE CAPA
Guilherme Gaensly/ Alamy/ Fotoarena

FOTO DE QUARTA CAPA
Folhapress

PREPARAÇÃO
Leny Cordeiro

REVISÃO
Carmen T. S. Costa
Isabel Cury

Dados Internacionais de Catalogação na Publicação (CIP)
(Câmara Brasileira do Livro, SP, Brasil)

Fausto, Boris
O crime da Galeria de Cristal : e os dois crimes da mala
São Paulo, 1908-1928 / Boris Fausto. — 1ª ed. —
São Paulo: Companhia das Letras, 2019.

ISBN 978-85-359-3201-0

1. Crimes – História 2. Crimes e criminosos – São Paulo (SP)
3. Galeria de Cristal – São Paulo (SP) 4. Imprensa – Brasil
5. São Paulo (SP) – História – 1908 6. São Paulo (SP) – História
– 1928 7. Violência – São Paulo (SP) I. Título.

18-23171   CDD-364.10981611

Índice para catálogo sistemático:
1. São Paulo : Cidade : Criminalidade : Problemas sociais
364.10981611

Cibele Maria Dias – Bibliotecária – CRB-8/9427

[2019]
Todos os direitos desta edição reservados à
EDITORA SCHWARCZ S.A.
Rua Bandeira Paulista 702 cj. 32
04532-002 — São Paulo — SP
Telefone: (11) 3707-3500
www.companhiadasletras.com.br
www.blogdacompanhia.com.br
facebook.com/companhiadasletras
instagram.com/companhiadasletras
twitter.com/cialetras

Para Janice

Agradeço a Janice Theodoro da Silva
e a Carlos Fausto as produtivas conversas sobre
o livro em elaboração e as sugestões após
a leitura da primeira versão do texto. No mesmo
sentido, agradeço a Lilia Moritz Schwarcz,
amiga e colega de escritos por tantos anos,
fundadora da Companhia das Letras, assim como
a Otavio Marques da Costa, editor da Companhia.
Sem esquecer Erica Fujito e Daniel Barcellos,
responsáveis pela seleção iconográfica.
Agradecimentos também ao Sérgio Fausto, pelas
múltiplas conversas sobre as tempestades políticas.

SUMÁRIO

Introdução 11

PARTE I

O CRIME
DA GALERIA
DE CRISTAL

1—O crime 27
2—A Galeria de Cristal.
O crime-folhetim 41
3—Os personagens 46
4—O enterro.
A repercussão do crime.
Disputas na imprensa 54
5—Duas visões feministas
opostas 66
6—Na cadeia pública.
O primeiro julgamento 76
7—O segundo julgamento
e a indignada imprensa
carioca 93
8—Terceiro julgamento:
uma batalha quase decisiva 106
9—Últimos lances 111
10—Os julgamentos de Eliziário:
um final previsível 117

PARTE II

OS CRIMES DA MALA

1 — Negócios e afetos 125
2 — O crime 134
3 — O sensacionalismo
da imprensa. Fantasias 141
4 — Rumo a São Paulo.
Um "furo" fracassado 144
5 — Trad e Carolina:
cartas de amor? 149
6 — Peripécias judiciais.
Preconceitos e simpatias 157
7 — O diário de Trad 168
8 — Trad domina a cena 173
9 — Uma longa prisão.
Livre, mas vigiado 184
10 — O segundo crime
da mala 188
11 — Os crimes em letra
e imagem 206
12 — Trad, Pistone e Maria
Féa em confronto 212

Conclusão 217

Anexos 223
Notas 243
Créditos das imagens 255

INTRODUÇÃO

A edição de 24 de fevereiro de 1909 do jornal *O Commercio de São Paulo* estampou na sua primeira página um título em letras garrafais: TRAGÉDIA! Vinham depois os subtítulos: O CRIME DE HONTEM/ UM MOÇO É ATTRAHIDO AO QUARTO DE UM HOTEL E BARBARAMENTE ASSASSINADO. O qualificativo "tragédia" se referia a um crime de grande repercussão, e a matéria, além da primeira página, ocupava ainda duas colunas da página seguinte. Em seguida, desenrolava-se a narrativa, entremeada com as fotografias posadas dos protagonistas.

O delito ganhou um nome próprio — o "crime da Galeria de Cristal" — e seu relato abre este livro, seguido de dois eventos criminais separados por um intervalo de vinte anos, 1908 e 1928, cujas vítimas, ou seus restos mortais, foram ocultadas em malas, daí o epíteto "crimes da mala". Por que escolhi a trinca, em meio a tantos e tantos outros casos? Em primeiro lugar, levando em conta as possibilidades narrativas de todos eles. Depois, pelo papel relevante desempenhado pelas mulheres, em situações diversas, em cada um dos casos; pela possibilidade de considerar a instituição do júri sob um ângulo particular; pelo tema do papel da imprensa, ao mesmo tempo como formadora e reflexo da opinião pública; pelo assunto da inserção das etnias estrangeiras na sociedade paulistana. Tudo isso tendo como pano de fundo uma São Paulo hoje desaparecida, que conheci em parte, e à qual retorno sempre que possível, como homem do século XX para quem o atual é um mundo estranho.

Voltando ao espaço conferido pelos jornais da época à narrativa dos crimes, temos aí um expressivo exemplo da acolhida dos faits divers na imprensa paulistana e do surgimento do relato sensacionalista, embora acompanhado das devidas justificações aos leitores.

Tal tendência ganhara vulto na Europa Ocidental e nos Estados Unidos a partir de meados do século XIX, quando começaram a surgir jornais populares, de circulação em massa. Foi o caso, nos Estados Unidos, do *New York World* e do *New York Journal*, praticantes do chamado jornalismo marrom. Porém o exemplo mais expressivo se encontra em *Le Petit Journal*, publicado na França a partir de 1863, vendido por tostões, que chegou a lançar algo em torno de 400 mil exemplares, quando da ocorrência de um crime célebre, o caso Troppmann, nome do responsável por seis assassinatos ocorridos em Paris entre 1869 e 1870.

Rua João Brícola, sede de jornais, entre
1915 e 1920. Acima, ao fundo, o *Fanfulla*,
órgão da colônia italiana. No topo da página,
O Estado de S. Paulo, 1904.

Do outro lado do Atlântico, na provinciana São Paulo, que suspirava por Paris, algo começara a acontecer no terreno da imprensa. Na segunda metade do século XIX, surgiram dois jornais que, gradativamente, transformaram os meios de informação da cidade. Lançado em 1854, o *Correio Paulistano* se afirmou como cauteloso defensor da República e do trabalho livre. Após a proclamação da República, transformou-se em porta-voz do governo, na qualidade de órgão do Partido Republicano Paulista (PRP). Mais de vinte anos após o lançamento do *Correio Paulistano*, surgiu *A Província de São Paulo*, em janeiro de 1875 (*O Estado de S. Paulo* a partir de janeiro de 1890), expressão maior do liberalismo conservador. O jornal, que assumiu com clareza a causa do republicanismo e da abolição da escravatura, tinha tiragem de 8 mil exemplares em 1890, número que chegou excepcionalmente a 18 mil, quando leitores ávidos esperavam as reportagens de Euclides da Cunha sobre as peripécias da guerra de Canudos.[1]

Assim, os temas dos dois jornais, a princípio, estiveram ligados a acontecimentos políticos que iam introduzindo mudanças no país, e a uma variedade de assuntos que abrangiam desde informação do gênero diário oficial até relatos literários. A entrada dos *faits divers* se deu num segundo momento, em ritmo diverso. O *Estadão* manteve uma linha austera que só dava destaque a episódios do dia a dia, em circunstâncias excepcionais. Já o *Correio Paulistano* aderiu à publicação dos *faits divers*, embora não deixasse de cumprir, ao longo da Primeira República, seu principal papel político como órgão partidário.

Pioneiro entre os jornais diários a admitir toques sensacionalistas, *O Commercio de São Paulo* se destacou por

Doras—Podem estourar... bombas á vontade. Eu não arrebento...
Grevistas—Veremos... quando esse exercito deixar de te aquecer o costado...

Greve no porto de Santos, 1908.
Charge de *O Commercio de São Paulo*
em defesa dos grevistas.

várias peculiaridades. Em 1895, o noticioso foi adquirido pelo denodado monarquista Eduardo da Silva Prado, que o transformou em órgão da corrente. Empastelado dali a dois anos por uma "turba furiosa", durante a guerra de Canudos, reabriu meses depois, mas acabou sendo vendido. Tornou-se um jornal com muitas ilustrações e simpático às reivindicações operárias. Nas suas edições de setembro de 1908, por exemplo, ele publicou minuciosas notícias sobre o crime da mala e sobre a greve dos portuários de Santos, posicionando-se decididamente ao lado dos trabalhadores.

O processo de expansão e de maior variedade de conteúdo da imprensa ocorreu em São Paulo por força de vários fatores, entre eles o enorme impulso demográfico; a transformação de alguns jornais em empresas comerciais; e as inovações tecnológicas como a introdução da impressora Marinoni, que proporcionou maior rapidez e qualidade à impressão dos jornais. Os noticiosos puderam, assim, divulgar acontecimentos de um dia para outro, ou no mesmo dia, quando saíam edições da tarde. A expectativa do leitor quando o jornal chegava a sua casa, ou era buscado nas ruas, era um hábito cotidiano muito aguardado. Vivemos hoje — diga-se de passagem — uma situação inversa. O suspense desapareceu e o jornal de hoje parece um divulgador de notícias velhas, vítima da concorrência avassaladora da mídia digital.

Mas o que se entende por faits divers, expressão traduzida literalmente para o português como "fatos diversos"? Em poucas palavras, o rótulo genérico refere-se a acontecimentos que ganham destaque quando se revestem de excepcionalidade, como os crimes sensacionais, os desastres de grande repercussão, os suicídios de pessoas notórias não necessariamente notáveis como senadores ou prostitutas. Durante muitos anos, os faits divers não mereceram consideração especial, até que Roland Barthes, na década de 1960, analisou sua estrutura como um relato imanente, que se fecha sobre si mesmo e não necessita de referências externas.[2]

Barthes toma como exemplo um assassinato. Se o crime é político, estamos diante de uma informação parcial — a morte — cuja inteligibilidade remete necessariamente a um conhecimento exterior, que existe fora dela, antes dela e em torno dela, qual seja, o conhecimento político, por mais confuso que possa ser. Se o crime é comum, estamos diante de um fait divers — uma informação que contém em si tudo o que há por saber. Marlyse Meyer, em seu livro clássico *Folhetim*, endossa o pensamento de Barthes e diz numa passagem esclarecedora: "Se é impossível, hoje, ao ler um jornal antigo, compreender algum fato político sem recorrer ao contexto, sem apelar para nosso conhecimento histórico, a leitura de um fait divers ainda pode, cem anos depois, causar os mesmos arrepios ou espanto".[3]

Encarados dessa forma, os faits divers seriam relatos autocontidos, estranhos ao âmbito da história. Não por acaso, foram os historiadores que se destacaram na crítica a essa visão, nomes como Michelle Perrot e Marc Ferro, em artigos publicados na revista francesa *Annales*.[4] Perrot acentuou que o relato dos crimes sensacionais não pode ser tido como atemporal porque ele varia no espaço e no tempo: o sensacional de 1830 — diz ela — não é o de 1880, nem muito menos o de 1980. Os faits divers são a epopeia do insignificante. Seu retorno com força, hoje, nas mídias e nas ciências sociais, inscreve-se num mesmo movimento: valorização do privado, busca do íntimo, fascinação pelo segredo, gosto pela autobiografia, pelo detalhe, pelo triunfo do sujeito. Ao mesmo tempo, a entrada dos faits divers no campo da história tem muito a ver com a "vocação imperialista" da disciplina, que incorporou novos temas — o crime e a criminalidade, a vida cotidiana, as sensibilidades de toda natureza —, valorizando o indivíduo e a vida privada.

Dois dos três crimes tratados neste livro — o primeiro crime da mala e o da Galeria de Cristal — situam-se num período histórico que ficou conhecido por mais uma denominação francesa: a belle époque, época de mudança cultural, de invenções e inovações, vivida pelos países da Europa

Ocidental entre o fim da guerra franco-prussiana de 1871 e a Primeira Guerra Mundial.

Com traços específicos, ela abrangeu também os Estados Unidos e a periferia do mundo capitalista, como é o caso do Brasil, sem que se reduza a um simples transplante sociocultural. Focalizando a cidade de São Paulo, a introdução de novas invenções e o rápido crescimento paulistano aceleraram — é bem o termo — o ritmo da vida. Em poucos anos, surgiram os automóveis, os telefones, os bondes elétricos. A partir de 1905, ruas do centro receberam a energia elétrica a cargo da Light — o "polvo canadense" —, em substituição aos lampiões de gás que, entretanto, se mantiveram nos bairros distantes até por volta de 1930. Os automóveis, introduzidos por Santos Dumont em 1891, ao trazer um carro Peugeot da França, eram peça de luxo, acessível a um núcleo restrito de famílias muito ricas; os telefones se restringiam aos palacetes, às grandes casas comerciais e bancos do centro da cidade, aos consultórios de profissionais de muito prestígio. Entre todos os inventos, foi o bonde elétrico que provocou o maior entusiasmo da população. O automóvel era apenas um brinquedo veloz de gente abastada, enquanto o bonde elétrico, em substituição ao puxado pelos indolentes burros, representava um ganho coletivo. É bem verdade que nesse campo São Paulo não tinha a primazia. Quando a primeira linha Barra Funda-Largo São Bento foi inaugurada, em 7 de maio de 1900, Rio de Janeiro, Salvador e Manaus já contavam com os elétricos, mas nem por isso o entusiasmo na capital paulista foi menor. Em suas memórias, Oswald de Andrade, na época com dez anos, fala do clima provocado pela chegada da invenção a São Paulo:

Uma febre de curiosidade tomou as famílias, as casas, os grupos. Como seriam os novos bondes que andavam magicamente, sem impulso exterior? Eu tinha notícia pelo pretinho Lázaro, filho da cozinheira de minha tia, vinda do Rio, que era muito perigoso esse negócio de eletricidade. Quem pusesse os pés nos trilhos ficava ali grudado e seria esmagado facilmente pelo bonde. Precisava pular.[5]

Inauguração de bonde no Bom Retiro, em 1900.

Entretanto, as comodidades e prazeres da belle époque se concentraram na elite e em estratos da classe média, que tratava de imitar os padrões da primeira. Marcos típicos das diferenças de classe eram, de um lado, o bairro dos Campos Elíseos e a nascente avenida Paulista; de outro lado, o bairro do Brás e adjacências, que representavam o mundo de "além-porteiras". Estas, como os antigos paulistanos se lembram, eram as porteiras que se abriam e se fechavam na avenida Rangel Pestana para a passagem dos trens da São Paulo Railway (SPR), bloqueando o trânsito da avenida por muitos minutos.

Protótipo da pobreza, dos cortiços, da gente rude que "não tinha modos", o Brás pulsava de vida com o afluxo de imigrantes italianos e espanhóis. Já nesses primeiros anos do século XX, o povo do Brás encontrava tempo para festas nos dias dos santos de devoção, no sincrético Carnaval, nas óperas e operetas encenadas no grande orgulho do bairro, o Teatro Colombo, inaugurado em 1908. Mas a grande atração de todos os domingos eram as sessões do cinematógrafo, anunciadas com destaque pelos jornais. Numa tarde, exibiam-se dez ou mais filmes, todos de curta-metragem. O preço das entradas era acessível e os jovens casais, com os devidos cuidados, podiam trocar carícias no escurinho protetor. Mais ainda, o sucesso do cinematógrafo se explica porque o enredo dos filmes era muitas vezes inspirado num fait divers, em que os crimes sensacionais tinham um lugar de relevo.

———

Teatro Colombo, na entrada do Brás, em 1952.

O impacto proporcionado pelo fait divers na vida da cidade provinha de várias fontes. A leitura dos jornais tinha um público qualitativamente significativo, mas limitado pelo baixo nível de capacidade de leitura, que se agravava com o emprego de um linguajar preciosista. O censo nacional de 1920 revelou que a população letrada do estado de São Paulo não passava de 30%, número que se elevava bastante na capital, chegando a 58%.[6] O jornal era, por assim dizer, a fonte primária do boca a boca que retransmitia e transfigurava notícias. Quanto aos filmes, eles não tinham o caráter imediato de outros meios, por serem exibidos meses após os fatos, porém contavam com a vantagem de reconstruir uma história em sequência, graças às imagens em movimento.

A atração pelo cinematógrafo irradiou-se pela São Paulo do início do século XX, alcançando não só o centro da cidade como os bairros populares, como é o caso típico do Brás. Instalados em construções precárias, os cinemas se enfileiravam ao longo da avenida Rangel Pestana: o Cine Popular, o Central, o Apolo e o Braz Bijou, versão menor do Bijou Theatre, localizado na rua de São João. Eles foram precursores dos cinemas que surgiram no bairro anos ou décadas depois, a exemplo do Braz Polytheama (1922), do Universo (1939) e do Piratininga (1943), projetados pelo arquiteto Rino Levi. Com mais de 4300 assentos, o Piratininga era tido como o maior cinema do país, enquanto o Universo representava a joia da coroa. No centro de seu teto, havia uma abertura móvel que, nas noites de verão, permitia a renovação do ar e, com alguma sorte, a visão de um céu cheio de estrelas.[7] Entre as salas existentes no centro figuravam o já citado Bijou, o Paris Theatre, na rua Direita, o Eden Cinema e o Radium Cinema, ambos na rua São Bento, e destacando-se por sua temática

Cine Bijou Theatre, na rua de São João, por volta de 1911.

picante o Moulin Rouge, no largo do Paissandu, que exibia filmes do chamado "gênero livre".

Para quem deita um olhar sobre o passado, tendo como ponto de partida o presente, tudo isso pode parecer remoto e provinciano. Mas é preciso imaginar-se naquele tempo para vislumbrar o impacto das transformações na vida dos contemporâneos. Tudo se acelerava: as invenções, os divertimentos, a comunicação, a última moda — o *dernier cri* —, vinda de fato ou supostamente de Paris. Os papéis sociais também iam se modificando, ainda que em ritmo mais lento, como é o caso da identidade feminina. Como costuma ocorrer quando se dá uma ampla mudança na vida sociocultural, em quase todos os planos da vida a recordação saudosista emergiu diante do terremoto dos novos tempos. Recordação da época em que se dormia de portas abertas, em que gente em situação econômica difícil pedia nos jornais um auxílio financeiro, em que "imigrantes vorazes" não concorriam com o pequeno comércio local, nem quebravam o silêncio noturno dos bairros com suas "algazarras grosseiras".

O extraordinário impulso demográfico de São Paulo, nas últimas décadas do século XIX, teve talvez consequências mais profundas do que a transitória belle époque. Em 1872, a cidade tinha apenas cerca de 31 mil habitantes, chegando a quase 240 mil na virada do século. Quinta cidade do país em 1890, atrás de Rio de Janeiro, Salvador, Recife e Belém, São Paulo passou ao segundo lugar em 1900. Línguas se multiplicaram, a alimentação começou a mudar, pequenos negócios pipocaram e o crime floresceu. A princípio, como indicam os relatórios policiais, atribui-se esse último fato ao afluxo de alienígenas para a cidade. Mas a xenofobia perdeu força, pois, afinal de contas, ao abrir-se o século XX, São Paulo já se transformara numa cidade de estrangeiros, com seus jornais em outras línguas, sua fala com sotaque diferente daquele dos velhos habitantes, suas lojas comerciais, ou seus ambulantes, apregoando mercadorias pelas ruas.

Nessa cidade que pouco ou nada tinha a ver com o burgo de estudantes de outrora, cresceu a atração pelas notícias de crimes. Uma hierarquia se firmou, tendo na base o pequeno delito de todos os dias — as brigas de botequim, a socos ou a facadas — que não despertava especial atenção e, no topo, os crimes sensacionais. Mas a insegurança, o temor pela desordem social, não era uma característica dominante na época. Afinal de contas, os grandes crimes pareciam ser uma decorrência inevitável da civilização, algo que acontecia nos grandes centros como Paris, Londres, Nova York, ou mesmo o Rio de Janeiro. Como o leitor poderá constatar nas páginas seguintes, São Paulo pedia passagem para entrar nessa lista.

PARTE I

O CRIME DA GALERIA DE CRISTAL

1 — O CRIME

O jovem bacharel Arthur Malheiros descia a ladeira de São João e chegara à esquina da rua Líbero Badaró, no centro de São Paulo, quando sentiu um leve toque de dedos em suas costas. Virou-se e viu-se diante de um moço alto, magro, cabelos alourados, vestido com cuidado, mas sem luxo, que lhe dirigia a palavra:

— É o dr. Malheiros a quem tenho o prazer de falar?

— Perfeitamente, posso ser-lhe útil em alguma coisa?

— Eu sou do Rio, de onde cheguei há dias, e chamo-me Eliziário Bonilha. Preciso falar-lhe de negócios importantíssimos e do máximo interesse para o senhor. Como, porém, esses negócios têm um caráter reservado, se não fosse um sacrifício para o doutor, teria satisfação em tratá-los no Hotel Bella Vista, onde estou hospedado. É um momento. Dois passos daqui apenas.

Curioso, o bacharel Malheiros resolveu aceitar o convite, mesmo porque uma abordagem como aquela, por uma pessoa de boa aparência, em plena luz do dia e no centro da cidade, não tinha nada de excepcional.

Rua Quinze de Novembro, em 1904. A entrada da Galeria de Cristal ficava à esquerda.

Os dois cavalheiros fizeram o caminho indicado por Bonilha. Subiram a ladeira de São João, atravessaram a praça do Rosário, e foram percorrendo a rua Quinze de Novembro — uma das ruas que, com a Direita e a São Bento, formam o chamado Triângulo. Os relógios externos das casas comerciais marcavam quatro e meia em seus mostradores redondos. Quatro e meia do dia 24 de fevereiro de 1909, terça-feira de Carnaval. A rua Quinze de Novembro tinha pouco movimento nesse feriado de Momo, ao contrário do que sucedia nos dias úteis, quando as pessoas se aglomeravam nas calçadas e caminhavam no leito da rua, mesmo com o risco de serem apanhadas pelos bondes elétricos ou pelos raros automóveis.

As instituições financeiras, como o Banco Alemão e o Banco Comércio e Indústria, não funcionavam naquele dia, nem as casas comerciais, como as joalherias de Maurice Grumbach e a Casa Michel, ou a Casa Paiva, de roupas finas, que, na entrada do século xx, com seus três andares acima do térreo, era o edifício mais alto da cidade. O restaurante Progredior, considerado um dos melhores, se não o melhor de São Paulo, ainda não abrira suas portas. Mas o Café Guarany, ponto de encontro de um grupo intelectual de boêmios da cidade, gente como Monteiro Lobato, o caricaturista Voltolino, o folclorista e poeta Amadeu Amaral, funcionava a pleno vapor, embalando os frequentadores com uma pequena orquestra e com as rodadas de cerveja servidas de mesa em mesa.[8]

AO LADO
Interior do restaurante
Progredior em 1915.
ABAIXO
Anúncio de inauguração
(*Correio Paulistano*
de 1º de junho de 1900)
e interior do Café Guarany,
1914.

RESTAURANTE E CAFÉ'
GUARANY
Rua 15 de Novembro, 52 e rua da Boa-Vista, 15
HOJE, Quarta-feira, 6 de junho
Sopa e filet de tartaruga
Inauguração do restaurant

O animado Carnaval do Centro, quando aí moravam nos sobradões as famílias ilustres, entrara em decadência.

Logo surgiria o corso da avenida Paulista — desfile chique em que iriam luzir os automóveis de capota conversível aberta, permitindo a confraternização ruidosa entre os carros. Longe da avenida, brilhava o Carnaval do Brás, festejo sincrético do bairro de imigrantes. Uma notícia de jornal, em 1905, salientava o contraste entre a animação do Carnaval do bairro e a pasmaceira reinante nas ruas do centro. Depois de dizer que às onze horas da noite já estava caído no sossego habitual o triângulo do centro da cidade, o jornal acentuava que "a magreza deste domingo gordo contrastou absolutamente com os magníficos festejos que a população do Brás rendeu ao deus Momo".

O ponto alto do folguedo — o grande *clou* na expressão do jornal — tinha sido o desfile do Trio Carnavalesco do Brás, que saíra por volta das seis horas da tarde, dirigido por Ali Babá, que pusera para correr os quarenta ladrões. O préstito compunha-se de seis carros, sendo quatro de crítica sobre as eleições, inundações, jogo do bicho; o quinto representava uma borboleta enorme, que trazia sobre as asas uma elegante senhorita; e no último havia uma gruta cercada de serpentes, sobre a qual vinha também uma senhora, empunhando o estandarte do Trio. Não há dúvida — concluía o jornal — de que ao populoso e progressista bairro do Brás couberam os louros do domingo.[9]

Quatro anos mais tarde, o *Correio Paulistano* mantinha o tom desanimado, e agora também irônico, a respeito do Carnaval no centro da cidade. Depois de notar que a afluência do povo melhorara do domingo para a segunda-feira, o jornal ressalvou que essa gente "tinha mais a preocupação de quem desempenha um triste dever do que a intenção de se divertir e divertir os outros". E continuou:

Lá pelas oito horas da noite, houve um burburinho que se prolongou com um eco ruidoso, do princípio da rua Quinze de Novembro ao largo do Rosário [atual praça Antônio Prado]. Às janelas afluíram ruidosas as senhoritas; o povo na rua, como que instintivamente, abriu alas e uma grande curiosidade se estampava em todos os rostos. Daí a pouco, atravessavam, triunfantes, dois carros de reclames de bebidas sem álcool... Depois, tudo recaiu no desânimo e na pasmaceira.[10]

Embora o Carnaval estivesse minguando no centro da cidade, sempre havia quem se entregasse às brincadeiras. Era o caso de um grupo de moços e moças que, na tarde daquela terça-feira de Carnaval, dia 24 de fevereiro de 1909, se divertia na calçada, diante do Café Guarany. Os rapazes lançavam jatos de lança-perfume na direção das moças, e elas tratavam de escapar, ou fingiam tentar escapar do esguicho gelado, à base de éter, que, na expressão francesa tão ao gosto do tempo, proporcionava um delicioso frisson.

O bacharel Malheiros estivera havia pouco brincando naquela roda onde também se encontrava sua noiva, mas resolvera a certa altura ir para casa quando foi abordado pelo simpático desconhecido, vindo supostamente do Rio de Janeiro.

Depois de deitar um olhar ao grupo que continuava brincando na calçada do Café Guarany, Malheiros e Bonilha entraram na Galeria de Cristal — uma passagem que ligava duas vias paralelas: a rua Quinze de Novembro e a rua Boa Vista. Abrindo um hiato na fileira de lojas dispostas nos dois lados da galeria, um lance de escadas levava ao anexo do Hotel Bella Vista, cujo edifício principal ficava de frente para a rua Boa Vista. A "boa vista" era o espaço que se abria ao longe, pontilhado pelas fábricas que iam brotando, ano após ano, nos bairros de além-porteiras da Central do Brasil.

Hotel Bella Vista em 1909, local do crime.

Os dois moços subiram o lance de escadas e pararam diante do quarto 59. A porta do quarto estava apenas encostada, e Bonilha fez um gesto delicado, quase uma mesura, convidando Malheiros a entrar. De repente, o jovem bacharel se viu diante da figura de Albertina, uma professorinha com quem tivera um caso havia alguns anos. Para seu espanto, a moça tinha nas mãos um revólver apontado na direção dele. Recordou, numa cena compacta de segundos, a história que tivera com a moça, ao mesmo tempo que tentava um apelo desesperado, aos gritos de "perdão, perdão!".

Cena imaginária do crime:
Albertina atira de frente.
O Commercio de São Paulo,
25 de fevereiro de 1909.

Reconstrução da cena. Edição
de *O Commercio de São Paulo* de
27 de fevereiro de 1909.

Tratou de virar-se em direção à porta, mas ouviu dois estalidos. Teve uma sensação muito dolorosa na cabeça e mais nada, ao cair sobre um tapete do quarto. Não sentiu nem mesmo a dor produzida pelo riscar de uma faca, com a qual alguém tentava seccionar sua garganta.

Após assistir à cena terrível protagonizada por Albertina, Bonilha desceu as escadas do hotel, atravessou mais uma vez a Galeria de Cristal, e foi ao encontro de um guarda cívico que fazia a ronda na rua Quinze de Novembro. O soldado Antenor Bolina cumpria rotineiramente seu turno de serviço na rua Quinze de Novembro, quando um jovem saiu às pressas da Galeria de Cristal e dirigiu-se a ele, dizendo friamente: "Ali dentro, num quarto do hotel, acaba de dar-se um assassinato. O senhor precisa de providenciar".[11] Num primeiro momento, o guarda cívico pensou tratar-se de uma brincadeira, mas em seguida se lembrou de ter ouvido dois estalidos secos aos quais não dera importância, porque os ligara aos folguedos de Carnaval. A atitude de Eliziário, ao chamar o guarda cívico, demonstra que o casal não pretendia esconder-se ou fugir. Eles tinham feito o que acreditavam ser necessário fazer e daí em diante se dispunham a enfrentar as consequências do ato por eles compartilhado, sem temê-las.

Ele subiu com Bonilha as escadas do anexo do Hotel Bella Vista, e desencostou a porta do quarto 59. Diante do quadro de um homem jovem, estirado num tapete, com profusão de sangue a sua volta, o guarda cívico, sempre acompanhado de Bonilha, apressou-se em ir à Central de Polícia, que ficava nas imediações. Dada a gravidade do caso, o delegado de plantão seguiu imediatamente para a Galeria de

Cristal, levando consigo um médico-legista e um repórter do jornal *O Estado de S. Paulo*.

Percorreram a rua Quinze de Novembro, subiram as escadas do anexo do hotel, e entraram no quarto 59. No dia seguinte ao crime, *O Estado de S. Paulo*, sob o título anódino UMA TRAGÉDIA, destinou uma página inteira a uma minuciosa narrativa da cena:

> À direita, encostada a uma pequena mesa, com uma expressão tranquila, achava-se uma moça morena, de olhos negros, vivos, muito brilhantes. Estava toda vestida de branco, com um lindo casaco de rendas que se lhe ajustava ao busto, desenhando-lhe umas linhas harmoniosas, perfeitas, de altura regular, uma forte massa de cabelos negros vestindo-lhe o rosto de graça e simpatia, toda sua figura dava a ilusão de que era uma noiva que ali estava a caminho, ou de volta da igreja.[12]
>
> Entretanto, ao lado, a dois metros apenas de distância, jazia por terra, sem vida, o corpo do dr. Arthur Malheiros. O desventurado moço que minutos antes ali entrara cheio de vida, com o espírito povoado de ilusões, talvez sonhando naquela que havia três dias elegera para noiva de seu coração,

estava estendido sobre um tapete, de costas, a cabeça apoiada de encontro a um criado-mudo. Da orelha esquerda, em que havia dois ferimentos por bala, saía um fio de sangue. Do pescoço, que um largo ferimento parecia separar do resto do corpo, jorros de sangue vinham empapar-se em coalho no peito do morto. O dr. Malheiros tinha os olhos semiabertos. O seu rosto, contraído, quase deixava adivinhar a suprema angústia por que o infeliz havia passado antes de cair morto.[13]

Além disso, um revólver se encontrava sobre uma mesa em que a moça se apoiava e, a pequena distância, via-se uma "faca vulgar", de lâmina aguçada, tingida de sangue.

Ao examinar o corpo inerte, o médico-legista constatou a existência de dois ferimentos por arma de fogo na região temporal esquerda, ambos penetrantes na cavidade craniana, e um extensíssimo e profundo golpe no pescoço, além de dois outros golpes na cavidade torácica. O médico determinou que os tiros tinham sido desferidos "à queima-bucha", pois os cabelos e uma das orelhas da vítima estavam

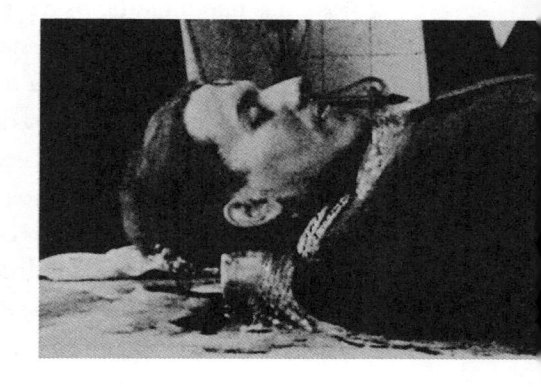

Malheiros no necrotério.
Revista *Careta*, 6 de março
de 1909.

chamuscados de pólvora, mas primeiramente concluiu que a morte resultara do corte das artérias do pescoço, que provocara "abundantíssima hemorragia". Só depois, em novo exame, verificou-se que a morte de Malheiros fora resultante dos ferimentos causados pelos tiros de revólver, apesar da gravidade dos golpes de faca, que teriam produzido o mesmo resultado fatal.

Quando recolhiam os objetos encontrados na roupa da vítima, as autoridades descobriram seis tubos de lança-perfume, um lenço de seda branco, um porta-moedas, um relógio de prata com corrente dourada, um anel de bacharel, ornado com catorze brilhantes. Chamava a atenção, entre os objetos, um berloque com formato de coração em que havia uma frase gravada: SEPARADOS, MAS SEMPRE UNIDOS. Quem teria presenteado Malheiros com aquela peça, que ele tivera o cuidado de preservar? Uma antiga namorada? Ou Albertina, que mantinha a esperança de casar-se com o jovem bacharel? Fosse esse o caso, por que Malheiros não se livrara da peça sem valor comercial, que lembraria seus amores passageiros com Albertina?

O local do crime foi fotografado a partir de muitos ângulos, mas não há indícios de que tenham sido colhidas impressões digitais no revólver, na faca, ou em qualquer outro objeto. Esse recurso poderia ter elucidado as dúvidas que surgiriam quanto à autoria do delito. No quarto do hotel foi encontrada uma toalha de rosto felpuda, com vestígios de sangue e contornos imprecisos de uma mão. O médico-legista confrontou os contornos com as impressões digitais da mão direita de Eliziário Bonilha, na suposição de que ele lavara as mãos ensanguentadas, enxugando-as em seguida na toalha. Embora o legista não chegasse a uma conclusão definitiva, o *Correio Paulistano* afirmou que existia uma "forte presunção" positiva de coincidência, a confirmar aquilo que, desde a primeira notícia, o jornal afirmara: a improbabilidade de o crime ter sido cometido unicamente por uma moça franzina. Outros jornais foram tomando posição de simpatia ou repulsa pelos protagonistas do delito. O *Diário Popular*, jornal paulistano dirigido por José Maria Lisboa, que nem sempre se afinava com a elite política dominante, preferiu adotar uma posição cética:

Ninguém se salva nesse crime; o morto, se o convencionalismo social o desculpa, foi a origem; a mulher enganada, se a tempo recorre a um ato de reparação, e não espera quatro anos, encontraria a simpatia pública porque, afinal, os tempos vão modificando o espírito de convenção na moral, mormente se ela dá à maternidade a função sagrada que mulher alguma deve repudiar; o outro, o marido, é o maior criminoso. Aproveita o espírito fraco da mulher, que viu seu futuro empanado pela sombra do que a desonrou, e arma-lhe o braço, leva-lhe a vítima para o quarto, compra a faca, empresta-lhe o revólver, e assiste à consumação do crime.

O tosco procedimento do legista, ao examinar o corpo de Malheiros, sugere que o método Vucetich ainda não fora introduzido como instrumento de investigação na polícia de São Paulo. O mais provável é que, no Brasil, onde houvesse um sistema de identificação, a polícia utilizasse o sistema antropométrico Bertillon, criado pelo criminologista francês Alphonse Bertillon, em 1892. Alguns anos depois, ele foi superado na Argentina (1904) pelo emigrado croata Juan Vucetich, que desenvolveu a análise de impressões digitais seguida até hoje.

Um decreto estadual de novembro de 1907 determinou a criação, em São Paulo, de um Gabinete de Investigação, incumbido de organizar arquivos datiloscópicos segundo o sistema Vucetich, já em execução no Rio de Janeiro, mas provavelmente o sistema não chegara a ser implantado quando ocorreram os crimes da mala e da Galeria de Cristal.[14]

2—A GALERIA DE CRISTAL. O CRIME-FOLHETIM

O assassinato de Arthur Malheiros ganhou um rótulo de romance policial. A galeria ligada à cena do crime e às andanças de seus principais personagens era, como visto, uma passagem coberta, que ligava as ruas Quinze de Novembro e Boa Vista — as duas fazendo parte da figura geométrica de um triângulo completado pela rua Direita. O prédio atravessado pela galeria era uma das muitas construções imponentes, de estilo eclético, que no primeiro decênio do século foram substituindo os antigos sobradões familiares, ao longo das ruas do Triângulo. Ela nascera de um projeto do arquiteto alemão Maximilian Hehl, que viera ao Brasil para supervisionar a construção de uma estrada de ferro em Minas Gerais e aqui acabara ficando. Tornou-se professor da Escola Politécnica e foi responsável por uma série de projetos, entre eles o da Catedral da Sé. Era também alemão o homem que mandou construir o prédio com a passagem da galeria, baseado no projeto de Hehl. Chamava-se Christiano Webendoerfer, proprietário de terrenos e de uma loja de tecidos no local. Inaugurada na entrada do século XX, a obra inspirara-se nas grandes galerias que despontaram nas maiores cidades europeias, atraindo o público, entre outras coisas, pela inovação arquitetônica e pela concentração de artigos de luxo em suas lojas.

Apesar de seus desejos, Christiano Webendoerfer não conseguiu batizar a galeria com seu nome, talvez porque o sobrenome alemão fosse complicado, mesmo numa cidade como São Paulo. A denominação "Galeria de Cristal" logo se impôs, numa referência à sua cobertura, composta de quinze arcos de aço, cobertos de vidro para permitir a entrada da luz natural. Ela representou um marco construtivo na cidade. Ao ser inaugurada, em 1900, uma banda de música animou a festa, com a presença de muita gente, que não poupou aplausos quando o presidente do estado, Rodrigues Alves, cortou a fita que impedia o acesso à passagem. Entretanto, em 1909, a galeria já não era a mesma. Nenhuma grande loja se animou a abrir suas portas no local, e ela se tornou uma espécie de centro de serviços, que reunia, entre outros, barbeiros, sapateiros, engraxates, casas lotéricas e uma funerária.[15] Portões de ferro foram finalmente instalados nas duas entradas da galeria, a fim de impedir que ela servisse de abrigo para "vagabundos" que não tinham onde dormir. De um modo ou de outro, enquanto existiu, a passagem foi útil para cortar caminho entre duas vias paralelas — as ruas Quinze de Novembro e Boa Vista — e como ponto de referência para marcar encontros, a exemplo do que ocorreu com o relógio do Mappin, na praça Ramos de Azevedo, muitos anos mais tarde.

Os principais órgãos da imprensa paulistana abriram grandes espaços para o noticiário do crime. O sóbrio *O Estado de S. Paulo* dedicou várias colunas em uma de suas páginas internas para a primeira narrativa do delito, mas sob um título discreto: NOTÍCIAS DIVERSAS — UMA TRAGÉDIA. As palavras "notícias diversas" encimaram quase todas as reportagens do jornal daí para a frente.

Já o *Correio Paulistano* utilizou cinco colunas de sua segunda página para o mesmo fim, com o título de BÁRBARO CRIME NA GALERIA DE CRISTAL, seguido de vários subtítulos: "Uma mulher que assassina o seu sedutor quase decapitando-o/ Três tiros de revólver/ O desforço tardio/ Providências da Polícia/ Pormenores completos da tremenda cena de sangue/ Os antecedentes". Resguardando-se de possíveis acusações de escorregar num estilo sensacionalista, que na verdade atraía muitos leitores, o *Correio Paulistano* ressalvou:

O dever de ofício de noticiaristas impõe-nos muitas vezes a cruel necessidade de escarpelar consciências e trazer à luz da publicidade os resultados dessa análise. Valha-nos, ao menos, como consolo à repugnância com que somos obrigados a remexer todo esse lodo da alma humana, a certeza de que, relatando esses fatos em toda a sua nudez repelente, não procuramos excitar a crueldade doentia, mas contribuir para a documentação da vida social contemporânea.[16]

O jornal posicionou-se imediatamente contra a figura "monstruosa" de Albertina e, em segundo plano, contra Eliziário, assumindo idêntica linha, ao longo dos anos que durou o processo contra os dois. Três dias após o crime, o *Correio Paulistano* traçou um quadro da jovem professora em que ela desponta como uma personagem terrível, nociva à sociedade organizada: "A falta de uma base séria de moral, a ausência de tradições familiares prejudicaram a evolução normalmente sã da consciência de Albertina; a educação deficiente e aparatosa, sem consistência científica, sem ideais artísticos, sem objetivo determinado, deturpou-

-lhe a exata visualidade das cousas, obliterando-lhe o sentido da vida".

A partir dessa confusa formação,

começando por aspirações ambiciosas, que exorbitavam da meia-burguesia de onde viera, Albertina transformou-se na *demi-vierge* que sem o recato e o pudor de seu sexo se intromete pelos quartos dos hóspedes, abusando de familiaridades só permitidas a rapazes. Daí a sua primeira falta. Como consequência, a mais grave de todas: o abandono do filho. Porque se a primeira se pode atribuir a uma alucinação dos sentidos, a segunda revela uma crueldade inaudita: à vergonha da divulgação do seu erro preferiu sacrificar o mais terno, o mais sagrado sentimento que pode fazer vibrar o coração da mulher. Os que acreditaram, por algumas horas, na falsa sinceridade daquela mulher, devem agora ter sofrido uma dura decepção, que se deve estender ao ilustrado clínico que ainda ontem apelava para uma complicada psicose como explicação cabal do infamíssimo crime. Ela, que tão bem soube enganar a sociedade fingindo-se de honesta, quando não passava duma dissoluta, conseguiu também iludir a velha experiência de um clínico, habituado à observação das psicopatias.[17]

De fato, um mês antes do crime, Albertina havia procurado um especialista em doenças nervosas, e ele diagnosticou psicastenia, mal psíquico que abarcava um conjunto de sintomas, à maneira da depressão em nossos dias. O atestado obtido por Albertina levantou uma dúvida posteriormente abandonada: não teria ela solicitado o documento para preparar por antecipação uma escusa para o assassinato que já se desenhava em sua mente?

O crime da Galeria de Cristal disputou com o crime da mala, ocorrido em 1908, o duvidoso troféu da notoriedade, e perdeu a disputa. Mas certamente ganhou o troféu como história exemplar do gênero folhetim, em que a vida imitou a arte. Aí se alinham os tópicos folhetinescos da donzela desonrada, do sedutor sem escrúpulos, da mãe megera, da filhinha morta, da professora transformada ora em tenebrosa assassina, ora em heroína capaz de restaurar a honra da sociedade. Dado o grande número de julgamentos, podemos encarar cada um deles como episódios de um folhetim, trazendo no final uma mensagem implícita: "continua no próximo capítulo". Tão evidente é essa aproximação entre o fato da vida real e o folhetim que o jornal *O Paiz* intitulou todas as matérias sobre o homicídio como um "crime a Montépin". Xavier de Montépin era conhecido o bastante para que o jornal não precisasse identificá-lo. Afinal de contas, tratava-se de um dos mais famosos autores de romances folhetinescos, baseados em histórias de grandes crimes, cujos leitores se espalhavam por todo o mundo ocidental, inclusive o Brasil.

3 — OS PERSONAGENS

Após ter sido presa, Albertina foi levada à presença de João Batista de Souza, responsável pelo inquérito policial. Segundo o *Correio Paulistano*, ela chamou a atenção dos jornalistas presentes na delegacia, pois ainda conservava o "elegante vestido branco de voile de linho rendado, que usava no momento do crime, e os sapatos brancos da mesma cor. Seu longo cabelo negro caía sobre as espáduas numa trança forte que chegava até a curva dos joelhos".[18]

Nesse encontro, Albertina queixou-se ao delegado das condições da prisão na delegacia: não suportava a comida, e o xadrez era deficiente em luz e higiene. Disse ainda que estava recebendo tratamento muito diferente do que recebera Carolina Farhat — a esposa do comerciante libanês Elias Farhat, assassinado no ano anterior, no primeiro crime da mala. O dr. João Batista a fez ver que ela, criminosa confessa, não podia comparar-se com d. Carolina, uma viúva inocente, vítima das intrigas dos familiares do marido.

Albertina Barbosa e Arthur Malheiros.
Revista *Careta*, 6 de março de 1909.

Quem eram as três figuras principais do crime da Galeria de Cristal? A professora morena de olhos negros e longos cabelos chamava-se Albertina Barbosa, nascida numa pequena cidade do interior de São Paulo, próxima a Piracicaba. Tinha 22 anos na data em que ocorreu o crime. Era formada pela Escola Caetano de Campos, famosa instituição pública de ensino conhecida como "escola da praça", por sua localização na praça da República, em São Paulo. Ela se casara havia pouco com o jovem que atraíra Malheiros para a armadilha mortal — Eliziário Bonilha, de 21 anos, nascido na cidade de Piracicaba, onde se formara professor.

O desditoso bacharel vítima do crime, na expressão dos jornais, chamava-se Arthur Malheiros de Oliveira, tinha 25 anos de idade, natural de São João da Boa Vista, no interior de São Paulo. Era solteiro e advogado recém-formado, em 1908, pela Faculdade de Direito do Largo São Francisco.

A cena sangrenta do quarto 59 do Hotel Bella Vista foi o desfecho de uma longa história iniciada quatro anos antes, na casa de Rosa da Silva Oliveira, mãe de Albertina, na rua Bento Freitas, próxima à praça da República. Separada do marido, para manter-se ela alugava um dos quartos da casa a um hóspede, de nome Antônio Malheiros. A certa altura do ano de 1904, este precisou mudar-se para o Rio de Janeiro, e indicou para ficar em seu lugar um sobrinho, Arthur Malheiros, apresentado como "um moço muito distinto". O moço podia ser muito distinto, mas a distinção não ia ao ponto de ser infenso às atrações do sexo. Seu interesse logo se voltou para Albertina, que, sem ser bela, tinha seus encantos. Os dois se aproximaram, passaram das mãos dadas aos afagos, destes aos beijos ardentes e, por fim, às relações sexuais. Anos mais tarde, Albertina lembraria ainda a data de seu defloramento, ocorrido na noite de 12 para 13 de agosto de 1904, segundo ela.

Pensão da rua Bento Freitas, onde Albertina e Malheiros começaram um romance. Revista *Careta*, 6 de março de 1909.

O relacionamento seguiu o caminho usual em casos desse tipo. Albertina amava Malheiros e desejava casar-se com seu sedutor. Mas ele tinha outras expectativas, que passavam longe do casamento com uma professorinha. Não que fosse rico. Seus pais morreram cedo e ele fora criado com dificuldades, amparado por uma avó que custeara seus estudos. Seja como for, o grau de bacharel, obtido numa das mais prestigiosas faculdades de direito do país, lhe permitia tentar subir na escala social, e o casamento com uma jovem que traria consigo um bom dote seria um reforço considerável a essa pretensão. Antevendo um futuro risonho, Malheiros recusou o casamento. Preferia morrer a casar-se, como proclamou aos quatro ventos. Segundo Albertina, Malheiros se aproveitara do fato de que ela ficara afetivamente na dependência dele, pois sua mãe não via aquele namoro com bons olhos. O pai vivia no interior do estado, separado havia vários anos da mulher, e talvez nem soubesse do drama vivido pela filha. Malheiros teria se aproveitado dessa circunstância, ao sustentar que quem poderia pretender uma reparação pela perda da honra da família era esse homem, que, entretanto, nunca o procurara. De qualquer forma, apesar da ausência do *pater familias*, ele se dispôs a compensar Albertina, oferecendo-lhe uma reparação financeira. Por intermédio de um amigo, propôs à jovem a quantia de dez contos de réis, mas ela se mantivera irredutível: ou se casavam, ou algum dia no futuro haveria de vingar-se de quem causara sua desgraça.[19]

Essa versão do crime foi tida como verdadeira pela maioria dos órgãos de imprensa, e mesmo por muitas pessoas que condenavam o procedimento homicida da professora. Mas houve também quem acreditasse que tudo se passara de outro modo. Nessa versão, encabeçada pelo *Correio Paulistano*, Albertina lançara um ultimato contra Malheiros, esse jovem distinto, recém-formado na nossa tradicional Academia: "Casa comigo ou morre!". Mas ele não se deixara intimidar. Não a atendera e, de resto, não estava para ser noivo ou marido de uma concubinária, cujo ventre já se achava pejado de outrem.[20]

O certo é que os caminhos dos dois se separaram. Malheiros seguiu seu curso na Faculdade de Direito. Albertina precisou trabalhar para sustentar-se e foi para Bebedouro, no interior de São Paulo, contratada por um fazendeiro, com a missão de ensinar primeiras letras a seus filhos. Foi na fazenda de Bebedouro que Albertina começou a sentir-se mal, a ter repetidos enjoos, convencendo-se, pouco a pouco, de que estava grávida de uma gravidez não desejada. Diante disso, ela retornou a São Paulo, onde, na maternidade, deu à luz uma criança do sexo feminino, em maio de 1905. Após alguns dias de repouso, Albertina foi com a recém-nascida para a casa da mãe. Esta se negou a acolher a criança e, diante dessa circunstância, Albertina viu-se obrigada a mandar entregar a filha na casa de Malheiros. A recém-nascida, jogada de um lado para outro, acabou sendo entregue à roda dos expostos da Santa Casa de Misericórdia, que recolhia recém-nascidos abandonados nas ruas. Lá recebeu o nome de Maria do Rosário e morreu em poucos dias, vítima de "sífilis congênita", segundo a estranha conclusão do atestado de óbito.

Só restava a Albertina retornar ao trabalho. Ela partiu de novo para o interior, a fim de lecionar em escola pública, realizando um périplo por várias cidades do interior paulista: Nuporanga, Cajuru, Mato Grosso de Batatais (hoje

Altinópolis), Sales de Oliveira e, por fim, Ribeirão Preto. Em Batatais, ela conhecera Eliziário Bonilha, também professor naquela cidade. Começaram a namorar e, nas férias de verão de 1909, partiram de Ribeirão Preto para o Rio de Janeiro, em uma espécie de lua de mel antecipada. Hospedaram-se numa pensão familiar, deram nomes falsos — eles eram o casal Veiga —, como se fossem dois menores fugindo dos pais. Eliziário precisou ir a Ribeirão Preto por alguns dias, mas logo apressou seu retorno a São Paulo para receber Albertina, que retornava à cidade. Após o desembarque, eles se hospedaram num hotel modesto, bem em frente à Estação do Norte. Por fim, resolveram acabar com as andanças e os embaraços da informalidade, casando-se perante o juiz do Registro Civil do Brás.

A essa altura, a história romântica que parecia deixar para trás o passado dramático de Albertina tomou outro rumo. Depois de muitas conversas, o casal tomou uma decisão radical: para vingar Albertina e garantir a estabilidade do casamento, o único remédio era acabar com a vida do bacharel Malheiros. Entretanto, as narrativas de um e de outro divergiam quanto à forma como teriam chegado a essa decisão.

Segundo Albertina, logo após o casamento ela contou a Eliziário a humilhação e as agruras pelas quais passara nos últimos quatro anos. Ele ficara perplexo diante do relato e ameaçara requerer a anulação do consórcio caso Malheiros não pagasse por seus atos afrontosos. Diante desse quadro dramático, temendo ficar mais uma vez sozinha, Albertina percebeu que o momento era também propício para se vingar do homem que a infelicitara, vingança com a qual sonhara ano após ano.

Já Eliziário declarou que fora Albertina, com uma determinação férrea, quem tinha decidido praticar o crime. Ele relutou, mas como a amava e não queria perdê-la, concordou com a decisão de liquidar Malheiros. Ela insistiu em assumir o protagonismo da cena e ele dispôs-se a ajudá-la no papel de coadjuvante. Em ambas as versões, Albertina aparece como responsável material do delito, exercendo um papel atribuído, em geral, a um personagem masculino. Seria equivocado imaginar, entretanto, que diante das narrativas divergentes o casal tenha se desentendido. Pelo contrário, eles se mantiveram ligados durante todo o processo em que foram réus.

Não era no Brás que Albertina e Eliziário teriam a possibilidade de encontrar Malheiros. Resolveram então mudar-se para o centro da cidade, o lugar dos negócios, dos restaurantes, das lojas de amplas vitrines, dos escritórios de advogados, onde seria bem provável esbarrar em quem buscavam. O anexo do Hotel Bella Vista tinha uma diária razoável e localização excelente, a meio caminho entre a rua Quinze de Novembro e a rua Boa Vista, e foi ali que decidiram ficar.

De saída, Eliziário precisava conhecer pessoalmente os traços da vítima, pois a descrição pormenorizada que Albertina lhe fizera não era suficiente. Ela lhe contou que Malheiros se formara na Faculdade de Direito no ano anterior, e com certeza existia um quadro de formatura dos novos bacharéis. Não havia muitos fotógrafos na cidade, e quase todos estavam instalados nas ruas do centro. Eliziário rodou pelo Triângulo e, ao percorrer a rua Direita, localizou num painel do estúdio do fotógrafo húngaro José Wollsack o retrato de formatura de Arthur Malheiros. Ali estava ele, envergando uma beca escura, paramentada com borla e capelo. Tinha um rosto bem-proporcionado, em que se destacavam os olhos castanhos e os bastos bigodes, ligeiramente retorcidos para cima nas pontas.

Reconhecida a vítima, passaram a outra etapa: a escolha das armas do crime. Eliziário possuía um revólver e o entregou a Albertina. Para ter certeza de que Malheiros não escaparia com vida a um ataque, ele foi a uma cutelaria da rua São Bento, com o nome eloquente de O Doutor das Tesouras, onde comprou, em vez de uma tesoura, uma faca bem afiada, como garantiu Domingos de Meo, proprietário da loja, que se instalara em São Paulo no ano de 1895 como uma oficina de consertos e fabricação de facas e tesouras.

Assim municiado, Eliziário tratou de localizar Malheiros. Depois de algumas buscas infrutíferas, naquela tarde de terça-feira de Carnaval ele desceu as escadas do hotel, atravessou a Galeria de Cristal e começou a caminhar pela rua Quinze de Novembro. Logo na calçada do Café Guarany, notou um grupo de jovens que brincava com algumas moças, borrifando lança-perfume. Correu os olhos pelas figuras masculinas e fixou o olhar em uma delas. Eliziário não teve dúvida: era Arthur Malheiros.

Ele voltou às pressas ao quarto do hotel, disse a Albertina para se preparar, e saiu logo em seguida. Mas a possível vítima havia se cansado das brincadeiras e tomara um rumo desconhecido. De fato, Malheiros seguira pela rua Quinze de Novembro, passara o largo do Rosário e descia a ladeira de São João, quando Eliziário o alcançou e o atraiu ao quarto de hotel.

4 — O ENTERRO. A REPERCUSSÃO DO CRIME. DISPUTAS NA IMPRENSA

Uma fila de coches funerários, puxados por burros, acompanhou o corpo de Malheiros ao cemitério do Araçá. À beira da sepultura, o acadêmico Ricardo Gonçalves, companheiro de Monteiro Lobato e Godofredo Rangel, proferiu o que os jornais chamaram de um sentido discurso de despedida.[21] Poeta e jornalista, Ricardo era defensor das reivindicações operárias e simpático às ideias anarquistas.

Cortejo fúnebre e enterro de Malheiros. Revista *Careta*, 6 de março de 1909.

Uma semana depois, realizou-se missa solene no mosteiro de São Bento, assistida por professores e muitos colegas. Entre eles, o professor Dino Bueno, diretor da Faculdade de Direito; Eduardo Vergueiro de Lorena, presidente do Centro Acadêmico XI de Agosto; o futuro banqueiro Gastão Vidigal; Mario Rolim Telles, que viria a ser fazendeiro de café e candidato à Presidência da República nas eleições de 1945, quando recebeu uma migalha de votos. Em várias cidades do país, os professores mobilizaram-se em favor de Albertina e Eliziário. Alguns jornais publicaram listas de donativos para promover sua defesa, e houve quem se dispusesse a realizar palestras em cidades do estado de São Paulo, com o mesmo objetivo. Numa dessas palestras, em Santos, Carlos Escobar, um professor abolicionista, republicano e socialista, dissertou sobre o crime, lendo um texto que intitulou de "Triste noivado". Carlos Escobar fundou em 1889, com os médicos Silvério Fontes, Sóter de Araújo e outros, o Círculo Socialista de Santos. Por alguns anos, a organização publicou o quinzenário *A Questão Social*, do qual Escobar foi um dos principais redatores. A participação dele e de outros socialistas em atos pela absolvição de Albertina é um indício de que, nos meios intelectuais inclinados à esquerda, Albertina era vista mais como vítima das iniquidades sociais do que como fria assassina.

Por outro lado, o Centro Acadêmico XI de Agosto chegou a mobilizar-se em busca de um advogado que representaria a avó de Malheiros, presumivelmente sua única ascendente em linha direta, como assistente de acusação. Mas o juiz do processo criminal negou o pedido sob o fundamento de que o parentesco entre avó e neto era insuficiente, em termos legais, para autorizar a representação da vítima.

Fim da missa pela alma de Malheiros.
O Commercio de São Paulo, 3 de março de 1909.

O assassinato de Malheiros, desfecho de uma história com traços inusitados, ecoou não só na imprensa de São Paulo e do Rio de Janeiro, mas também nas capitais de outros estados e nos pequenos jornais do interior, por onde Albertina e Eliziário tinham passado. Na descrição dos antecedentes do crime, assim como dos julgamentos, a imprensa da capital da República assinalou com ironia a sequência de crimes empolgantes que vinham ocorrendo em São Paulo. Numa charge do jornal carioca *O Paiz*, um forasteiro protegido por um elmo medieval, tendo um guarda-chuva debaixo do braço e uma mala na mão, dirige-se a um empregado na portaria de um hotel, dizendo: "Necessito de um quarto no último andar, mas encouraçado. Além disso, desejo quatro agentes bem armados, dois à porta do quarto e dois debaixo da cama. E se for possível um telefonezinho direto para o chefe de polícia. Que diz? Pode ser?".[22]

Esse episódio foi um entre muitos em que se travou uma disputa entre jornais do Rio de Janeiro e de São Paulo, nos primeiros anos do século XX. Disputa e não propriamente competição para valer, dada a importância do Rio de Janeiro como capital da República, com quase 700 mil habitantes, embelezada por uma reforma urbana, e as marcas provincianas que subsistiam em São Paulo.

A observação irônica dos jornais cariocas acerca da "maturidade" que São Paulo estava a ponto de alcançar tinha muito a ver com a proximidade entre dois delitos de grande repercussão, como foram o crime da mala e o da Galeria de Cristal. Isso, mesmo deixando de lado um crime que não foi "crime", quando em 1905 o senador estadual e membro da cúpula do PRP, Peixoto Gomide, tirou a vida de sua filha Sofia, dias antes de seu casamento, e matou-se em seguida, por razões nunca esclarecidas. Os jornais evitaram palavras chocantes, não falaram em crime, lançando mão de expressões do gênero "uma fatalidade", "uma tragédia", "uma obra do destino".[23]

Sob o ponto de vista dos personagens, o crime da Galeria de Cristal contrastou com os dois crimes da mala — o de 1908 e o de 1928 — por envolver predominantemente personagens nacionais. No caso do primeiro crime da mala, o assassino e a vítima eram libaneses e o pivô da tragédia, mulher da vítima, era italiana. Também italianas eram as figuras principais do segundo crime. Nos dois processos, as dificuldades de comunicação, os documentos anexados

S. PAULO A XÁVIER DE MONTEPIN

Em S. Paulo — (O forasteiro cauteloso a um empregado do hotel): -
— Necessito de um quarto no ultimo andar. mas encouraçado. Além disso desejo quatro agentes bem armados, dois á porta do quarto e dois debaixo da cama. E — se fos é possivel – um telephonezinho directo p.ra o chefe de policia... Que diz? Póde ser?...

Charge do jornal carioca *O Paiz*
sobre a "onda de crimes em São Paulo",
10 de março de 1909.

aos autos, levaram à necessidade de se contratar tradutores, nem sempre fiéis.

A origem nacional da grande maioria dos personagens, no caso da Galeria de Cristal, serviu para jogar água fria na correlação discriminatória entre estrangeiros e a elevação do número de crimes. O *Correio Paulistano* exibiu sua satisfação com esse fato. O jornal expressava os pontos de vista da elite política de São Paulo, que tinha uma atitude favorável à integração dos imigrantes ao país, a não ser quando se tratasse de "gente perigosa" para a manutenção da ordem social, como anarquistas e socialistas.

Pela proximidade no tempo, pelo impacto que produziu, o crime da mala foi muito aludido quando ocorreu o crime da Galeria de Cristal. Mesmo se descartando supostos encontros de Michel Trad — protagonista do crime da mala que o leitor virá a conhecer bem neste livro — e Albertina na cadeia pública, ela se queixou de ser maltratada naquele local, em contraste com o tratamento dado a Carolina Farhat, esposa de Elias Farhat, a vítima do citado crime. A referência a Trad aparece com todas as letras nas alusões feitas por Eliziário Bonilha, quando as autoridades entraram no quarto do Hotel Bella Vista e viram a cena de Malheiros já morto, estendido no chão, e Albertina de pé, encostada a uma mesa. Eliziário virou-se para o delegado e, como a indicar que lhe facilitara o trabalho, disse com frieza: "Eu poderia ter feito como o Trad" — referindo-se ao fato de que este sumira com o cadáver da vítima.

No crime da Galeria de Cristal, Albertina Barbosa centralizou todas as atenções, a ponto de seu marido, Eliziário, tornar-se um personagem pouco expressivo. Contribuiu para isso a separação do processo em dois, sendo o de Albertina o primeiro a ser julgado. O protagonismo da professora se deve não apenas ao fato de ela ser uma homicida do sexo feminino, circunstância que não chegava a ser excepcional. As versões sobre sua pessoa não comportavam meios-tons. Do lado positivo, amplamente majoritário, ela era pintada como uma professorinha dedicada, que contraíra um casamento decente, com um companheiro de trabalho a quem amava, e, num ímpeto, assassinara o homem que lhe trouxera infelicidade. Em algumas reportagens dos jornais, ao longo de seu processo, ela chegou a ser qualificada como heroína, uma jovem cercada de um meio hostil, que recusou a alternativa da prostituição e se lançou a um trabalho árduo, mal remunerado, mas de muito valor social, percorrendo, no exercício da profissão, poeirentas cidades do interior. Se não lhe faltava determinação, ela teria ainda o mérito do recato, ao desprezar exibições de luxo, aliás não condizentes com seus hábitos e seus ganhos. Um texto do jornal *O São Paulo* transcrito em *O Paiz*, do Rio de Janeiro, contrastou a aparência de Albertina com a de Eliziário numa audiência do sumário de culpa. Ao referir-se à apresentação da jovem, disse o jornal que ela se apresentara com uma vestimenta bastante modesta, uma saia de fustão branco e blusa de chita cor-de-rosa.

Quanto a Eliziário,

sua figura arrogante, sua pose petulante e seu "smartismo" eram o oposto da compostura humilde e modesta de Albertina. Quando apareceu em público, no início do processo, caminhara com passo firme e cabeça erguida, ao sentar-se ao lado de sua mulher. Envergava um terno elegante de jaquetão azul-marinho, trazia no peito gravata plastrom de seda preta, e calçava botinas da mesma cor.[24]

Do lado negativo, Albertina acumulava em alto grau todos os vícios de caráter e os defeitos que uma mulher presumivelmente pode ter. Passado o primeiro momento da descrição romântica de Albertina, quando ainda estava vestida como noiva na cena do crime, o *Correio Paulistano* tratou de demolir sua figura durante todo o decorrer do processo, num chorrilho de acusações difamatórias, a ponto de afirmar que ela não passava de uma farsante, de uma prostituta vulgar. Essa postura era coerente com a linha do jornal: conservador no plano da política, revelava sua intolerância no plano dos costumes:

> Não nos enganávamos dizendo, há dias, que Albertina Barbosa além de criminosa era uma comediante. Tendo tirado a máscara de honrada e impoluta que durante quatro anos afivelara ao rosto. As declarações que abaixo resumimos, prestadas por diversas pessoas de Ribeirão Preto ao delegado de polícia dessa cidade, confirmam o nosso acerto mostrando-nos essa mulher sob o seu verdadeiro aspecto: uma messalina de baixo estofo, entregando-se sem pejo nem decoro aos hóspedes adventícios de hotéis baratos, e aos rapazes foliões das noitadas alegres, obrigados ao violão choroso e às modinhas pelintras do romantismo piegas. O que referem essas declarações é impossível publicar integralmente: é todo um estendal de intimidades de alcova de uma rameira vulgar.[25]

Por certo Albertina cometera um homicídio premeditado, e deveria ter defeitos e qualidades de caráter, para usar a linguagem do tempo. Porém, ao chamá-la de rameira vulgar, o *Correio Paulistano* exagerava na sua tentação folhetinesca, chegando a uma distorção de tal ordem que se chocava com os objetivos de destruir sua figura. Os outros jornais de São Paulo, somados aos do Rio de Janeiro, justificaram a conduta de Albertina, justificação que muitas vezes se revestiu de uma apaixonada defesa. Esse é um forte indício de que na maioria das redações predominava uma tendência liberal que, se contribuía significativamente para formar a opinião pública, era atenta também a suas inclinações. Quem era, na verdade, essa professorinha frágil e ao mesmo tempo muito determinada, capaz de sentimentos de amor, de ódio e de vingança, ao planejar com frieza a morte de quem a humilhara e concorrera para a morte de um filho comum? Que caminhos a levaram ao amor por Arthur Malheiros e, posteriormente, à sua destruição? Não se trata de acaso o fato de, na cena do crime, Albertina estar toda de branco, como noiva a caminho do altar, em plena realização de sua vingança e da fantasia de um casamento frustrado. Ao mesmo tempo, se Albertina teve momentos de desânimo, ou mesmo de desespero, não era esse o traço dominante de sua personalidade. Ao longo dos anos, livre ou detida, ela interveio em questões que lhe diziam respeito com muita determinação. É o caso de um dos raros exemplos em que sua palavra chegou até nós diretamente, sem a mediação da escrita de um jornalista ou da fala de um juiz. Um professor de Jundiaí, interior de São Paulo, chamado Alfredo de Paiva, publicou vários artigos na imprensa local, salientando que Albertina e seu marido eram vítimas inocentes da má organização da sociedade. Para chegar a essa conclusão — dizia ele — seria preciso atentar para alguns fatos. Quem eram as pessoas envolvidas no crime? Um bacharel em direito e dois professores. Quando os réus tinham se conhecido? No período do aprendizado secundário, época em que o caráter já deve estar formado, com seu cabedal de virtudes. Trilhando esse caminho, o professor jundiaiense queria acentuar que o caráter se forma na escola preliminar, tão descurada entre nós. Contrastou o Brasil com o exemplo do Japão, em que desde cedo os alunos são obrigados a conhecer o Bushido, código de todas as virtudes cívicas e morais, tais como o amor à pátria, a obediência às autoridades, o respeito às leis, o amor materno e paterno, a fidelidade conjugal e o amor à verdade. Mesmo porque a civilização não é o desenvolvimento dos instintos libidinosos, não é o desprezo à moral, não é a dissolução das famílias, ponto de partida de toda sociedade.

Sob o respeitoso título de UMA CARTA DE D. ALBERTINA BARBOSA/ SUAS IDEIAS SOBRE A SOCIEDADE E AS LEIS, *O Commercio de São Paulo* publicou a carta de Albertina — que se encontrava presa — ao professor, para agradecer-lhe o apoio. No texto, ela não se desculpa, não tenta defender-se pela morte de Malheiros, mas, ao contrário, parte para o ataque. Em tom agressivo, descreve-se como uma heroína, uma lutadora pela restauração da honra e da moralidade pública, ao dizer: "os comentários que robustos idiotas e refinados parvos fizeram em torno do crime da Galeria são as provas mais vivas de que ninguém (salvo honrosas exceções) tem a coragem máscula, sobre-humana mesmo, de despedaçar todo o seu futuro para vir dar uma lição de moral como eu fiz, dando assim uma prova de que a minha dignidade não morre nem no cárcere".

Depois de criticar o Código Penal, como exemplo de ingenuidade quando trata do tema da defesa da honra, Albertina sonha com uma possibilidade: "se eu, um dia, tivesse a honra de colaborar na redação do Código de minha pátria, estabeleceria a punição de trinta anos para os sedutores que não reparassem o mal, se houvesse a impossibilidade de puni-los com a guilhotina". E termina denunciando o tratamento dado às mulheres que fazem justiça com as próprias mãos, diante da leniência com que são tratados os sedutores: "ai daquela que tentar vingar a sua honra, pois eles se levantam e se encolerizam e são até capazes de a condenar a trinta anos de prisão para que ninguém mais defenda a honra, para que a honra não exista".[26]

5—DUAS VISÕES FEMINISTAS OPOSTAS

As visões antagônicas da personagem Albertina despontam em artigos arrebatados, cheios de exclamações e reticências, escritos por duas escritoras muito conhecidas em sua época: Júlia Lopes de Almeida e Carmen Dolores, pseudônimo de Emília Moncorvo Bandeira de Melo. O prestígio de ambas pode ser medido pelo fato de suas crônicas serem publicadas regularmente na primeira página de dois matutinos do Rio de Janeiro — respectivamente, *O Paiz* e o *Correio da Manhã*. As crônicas sobre a personalidade das mulheres e a figura de Albertina foram escritas no calor da hora, quando esta acabara de sair do anonimato para projetar-se como uma controvertida figura pública, acusada de praticar um crime inusitado.[27]

Abolicionista, além de feminista nos limites de seu tempo, Júlia Lopes de Almeida era muito conhecida nos círculos literários do país, como autora de romances naturalistas, entre os quais se destaca *A falência*, livro publicado em 1901. Ela figurou entre os escritores que estiveram na origem da Academia Brasileira de Letras e só não foi eleita membro da academia por ser mulher. Para compensar, os imortais decidiram eleger seu marido Filinto de Almeida, poeta português que tinha lá seus méritos, mas que, dadas as circunstâncias, não escapou do apelido de "acadêmico com sorte". Poucos dias após o crime da Galeria, ela escreveu um artigo sob o título "Almas fracas", que começava com uma citação em francês. A citação era do almanaque de 1909, de uma famosa vidente, Mme. de Thèbes, profetizando que o ano seria marcado pelo desencadear dos ódios femininos. Mme. de Thèbes era o pseudônimo da vidente Anne Victorine Savigny (1845-1916), a qual teria previsto, entre outros acontecimentos, a Guerra dos Bôeres, a russo-japonesa (1905) e a Primeira Guerra Mundial. Todos os anos, ela publicava no Natal um almanaque, ansiosamente aguardado, contendo as previsões para o ano próximo. A citação do almanaque de 1909 dizia:

Mauvaise année pour l'amour, mauvaise année pour l'argent. Celui-ci et celui-là auront l'habituel contingent de drames et de scandales, mais le plus grand drame et le plus grand scandale naîtra d'une haine des femmes. (...) "Gare aux rousses, gare aux vengeances, gare aux intrigues! Les haines féminines vont produire leur plein effet. Les combinaisons d'amour et d'affaires, s'aigriront vite, tourneront mal et sage sera celui que saura les éviter". [Mau ano para o amor, mau ano para o dinheiro. Este e aquele terão o habitual quinhão de dramas e de escândalos, mas o maior drama e o maior escândalo nascerão do ódio das mulheres (...) "Cuidado com os feiticeiros, cuidado com as vinganças, cuidado com as intrigas!"[28] Os ódios femininos vão produzir efeitos em toda sua extensão. As combinações do amor e dos negócios rapidamente ficarão azedas, acabarão mal, e sábio será aquele que souber evitá-las.]

"Os astros não mentiram" — afirma Júlia Lopes de Almeida — e, depois de referir-se a um caso europeu, envolvendo a mulher do compositor Giacomo Puccini, passou a tratar do Brasil:

Aqui outra espécie de ódio, o da vingança, põe nas mãos de uma paulista educada para ser mestra de meninas uma arma de fogo e uma faca de ponta, e essas mãos, destinadas a folhear livros de moral e a acariciar crianças, disparam essa arma de fogo contra um peito humano e manejam essa faca de ponta num corpo ainda quente e palpitante, com o denodo de um carniceiro, retalhando uma posta de carne sobre o cepo de um talho...

E conclui a longa frase, enfatizando a expressão com três exclamações, como se uma não bastasse: "Horrível e horrível!!!".

Depois dessa descrição naturalista, iria Júlia Lopes de Almeida condenar com duras palavras o crime praticado por Albertina? Nem de longe. Sem dúvida, sua alma era fraca, pois, se não o fosse, deveria confessar ao noivo o que depois confessou ao marido; ainda mais, sua alma era fraca porque não exigira aos brados, do amante, da família, do mundo inteiro, reparação e justiça!

Mas essa "alma fraca" não era a alma de uma leviana, pois, se assim fosse, em vez de ir para localidades do interior ensinar o abecê a crianças para ganhar o seu sustento trabalhosamente, teria embarafustado por outros caminhos, mais alegres e mais fáceis... Na sequência, Júlia Lopes de Almeida se vale de um argumento comparativo, explorando diferenças de tratamento segundo o gênero. "Analisando os fatos à luz artificial dos preconceitos, este crime de São Paulo merece mais a benevolência do júri que todos os assassinatos cometidos por homens, por motivo de adultério e em que eles têm sido quase que invariavelmente absolvidos." E logo adiante: "Que alegam os assassinos de mulheres em face dos tribunais? Alegam que foi por desafronta da sua honra que puniram à faca ou à bala a esposa delinquente. Que pode alegar esta desgraçada? Que foi por desafronta da sua honra, do seu passado de agonias, do seu filho ignorado, do seu futuro para sempre perdido, que ela puniu à faca e à bala o homem que a traíra".

A autora de *A falência* não fica nesses limites e amplia o foco de responsabilidade dos personagens do crime, ao afirmar "que há três homens culpados no crime dessa mulher". Um deles é Arthur Malheiros, que a desonrou quando era ainda inexperiente e ingênua, e que, depois, vilmente, covardemente, a abandonou. Os outros homens eram o pai que a abandonou criança, sujeitando-a às contingências perigosas das casas de pensão, e seu marido, Eliziário Bonilha. Eliziário Bonilha? Sim, porque Júlia assume a hipótese de que foi seu marido quem a impeliu ao crime, por não lhe perdoar a nódoa do passado apesar de redimida pela dolorosa confissão, pelas suas lágrimas e pelo seu novo amor. Tudo se passara como se a honra de Bonilha e não de Albertina tivesse sido atingida por Malheiros. "Ah, a dignidade dos homens", exclama Júlia, "é uma coisa intangível! Ele [Bonilha] a açulou à perpetração do assassinato, farejou a vítima pela cidade, como um perdigueiro fareja a caça desprevenida, atraiu-a com cortesia e palavras amenas, levou-a para a cilada diante de si, com brandura, com habilidade, como um verdadeiro gentleman." Numa frase em que ameaça e ironia aparecem combinadas, Júlia arremata o texto: "Mais cuidado agora, moços sedutores de meninas ingênuas. O exemplo está aberto e, como vedes, os astros protegem o ódio das mulheres...".[29]

Dois dias após a publicação do texto de Júlia Lopes de Almeida, o *Correio da Manhã* do Rio de Janeiro publicou, também na primeira página do jornal, um artigo de Carmen Dolores cujo título indaga: "Pode a mulher matar?". Tal como Júlia Lopes de Almeida, Carmen Dolores escreveu romances naturalistas — o mais conhecido deles foi *A luta*, publicado inicialmente como folhetim do *Jornal do Commercio* em 1909 — e foi cronista semanal nos principais jornais do Rio de Janeiro. Defensora dos direitos de seu sexo — ainda não se falava em gênero —, ela reivindicava a educação das mulheres, seu direito ao trabalho remunerado, assim como ao divórcio. Mas não incluía entre os objetivos emancipadores a obtenção da cidadania política, porque o voto, nas circunstâncias brasileiras, lhe parecia uma inutilidade.

Embora não fizesse referência nominal a Júlia Lopes de Almeida, a crônica de Carmen Dolores era uma resposta ao ponto de vista sustentado pela colega, pois ela não encontrou a menor justificativa para o ato extremo de Albertina. Lembrou, em primeiro lugar, o que considerava as características inatas da mulher, ao dizer que a prática de um crime, e mais ainda um crime violento, é contrária "aos sentimentos da organização feminina que são a timidez, a piedade, a doçura, o horror nervoso ao sangue, a hesitação ante os atos brutais, o medo dos instrumentos que matam, a indulgência chorosa que absolve e espera". Poucas seriam as situações em que a mulher, contrariando sua organização natural, viesse a praticar um delito motivado. Uma dessas situações seria a da mãe que vê maltratar uma filha delicada, vítima cotidiana de um sofrimento atroz. Outra, o flagrante de traição do homem querido, "que lhe entorna pelas veias a lava do ciúme furioso, a lava da demência, do ódio, da ânsia vingativa. Esse beijo que ela surpreendeu, lívida de espanto, foi como o clarão sinistro de um relâmpago a iluminar a hora presente, tudo quanto constitui a vida regularizada, normal, pautada pelas convenções sociais". É nessa situação que a mulher perde a sua condição intrínseca e, numa legítima impulsão provocada pela fúria dos ciúmes desencadeados que nada mais tem de humano, privada dos sentidos, provoca a tragédia e a efusão de sangue.

Seria absurdo — diz ainda Carmen Dolores — comparar Albertina a Lady Macbeth, errando à noite pelo seu palácio de mármores e ouros, como encarnação da figura pavorosa do crime. Compará-la então a Judite da Bíblia, com o seu saco de lona a receber a cabeça de Holofernes e seu cutelo afiado, seria um anacronismo bizarro. Nesse passo, Carmen refere-se à cena bíblica em que Holofernes, um general assírio, cerca a cidade de Betúnia, na Judeia, em poder dos hebreus. Judite, uma bela viúva, consegue penetrar no acampamento do general e embebedá-lo. Corta-lhe então a cabeça e a leva num saco a Betúnia. Diante desse feito, os sitiados se animam e vencem as tropas assírias.

Essas figuras de tragédia — prossegue Carmen Dolores — nada têm a ver com a mulher de hoje. Essa mulher, do início do século XX, aparece em sua crônica muito distante do estereótipo da personagem recatada, rainha do lar, como é costume imaginar-se, nos dias atuais, o comportamento das mulheres de outros tempos. Não, diz a cronista,

a mulherzinha fútil de 1909, vestida de fraque de rendas, que cursa escolas, anda de bonde, viaja só, palestra, ri, ama, pernoita em hotéis, leva uma vidinha *dernier bateau*, com toda a frivolidade destes tempos corriqueiros, práticos e burgueses, em que os grandes sentimentos heroicos ficam deslocados, seria simplesmente ridícula se pretendesse imitar, nos seus tremendos crimes, as grandiosas figuras das epopeias bárbaras do passado.

Depois de dizer que, pelas circunstâncias de um crime premeditado e brutal, Albertina não se enquadra na figura de "uma tímida rolinha, branca vítima de uma sedução de homem", a cronista afirma que, ao contrário, ela parece ser "um espírito adiantado, corrompido por leituras perigosas, sabendo o que quer e o que planeja".

A alusão às "leituras perigosas" remete ao bovarismo, à personagem de Flaubert, Madame Bovary, levada a um mundo de ilusões que parecia livrá-la da pasmaceira da vida rural, mas acaba conduzindo-a à desgraça. A inclinação ao universo ficcional, a leitura de romances como comportamento negativo da mulher, aparece na imprensa e em muitos processos criminais da época, como causa de desentendimentos e violências que podem chegar ao homicídio. É como se esses romances concorressem para radicalizar uma das caraterísticas intrínsecas do "eterno feminino", uma vivência fantasiosa e permeada de sonhos, em contraste com a visão dos homens, sempre mais pragmáticos, mais próximos da vida real, da vida como ela é.

Em um caso de 1924, por exemplo, um jovem alfaiate que suspeita de adultério da mulher tenta suicidar-se, deixando um bilhete: "A família, em lugar de educá-la, dá-lhe romances para ler". Certamente, diga-se de passagem, esse é um bom exemplo de linhas escritas em linguagem popular transcritas para a norma culta por iniciativa de um jornalista, mas não há por que duvidar de seu conteúdo. De qualquer forma, algum tempo depois da tentativa de suicídio, o marido da jovem Olívia volta sua agressividade contra a mulher, a quem acaba por assassinar a tiros. Ao narrar o crime, o *Correio Paulistano* traçou um quadro contrastante entre a personalidade do marido e a da mulher para de algum modo justificá-lo:

> O moço é um indivíduo de ideais limitados, um sujeito que enxerga a vida sem louçanias e gracilidades, que vê o mundo com olhos pequeninos, com sonhos rasteiros e desavantajados castelos. Olívia não. Seu espírito não cai na bruteza pesada do quase nada, mas ergue-se em voos suaves. Ela pensa como mulher, pensa e sonha. E sonhando, criou para si um ideal quase impossível, perigoso, cultivado poderosamente pela leitura de maus romances.[30]

Voltando ao artigo de Carmen Dolores, ela prevê uma reação negativa a sua argumentação. A atitude condenatória diante desse delito brutal, diz ela, irá expô-la a "protestos violentos" que, entretanto, não abalarão sua consciência nem irão demovê-la de insistir no que pensa. Embora digna de piedade, a professorinha Albertina Barbosa não passava de um "monstro", de uma "refinada perversa", autora de um crime horroroso, longamente premeditado. Essa era a realidade. Em seguida, ela lança uma flechada dirigida à crônica de Júlia Lopes de Almeida: "O mais que se escreva a propósito de Albertina é de puro sabor romântico, para uso e gozo das pessoas cujo sentimentalismo adocicado requer cada manhã a sua ração diária de lindas e brancas ilusões, pratinho de pétalas de rosa temperadas com gotas de orvalho, que nada têm a ver com a verdade humana".[31]

Em resumo, Albertina Barbosa era uma homicida motivada pelo ódio a um homem que a desonrara e em quem depositara seus sonhos e esperanças. Essa referência à violação irreparável da honra aparece frequentemente nos jornais e na tribuna do júri para justificar o ato de Albertina. Ela não era menor de idade, e assim não fora vítima de um crime de defloramento; nem fora vítima de um estupro, dadas as relações sexuais consentidas. Mas, no campo da moral, sua honra tinha sido violentada, e essa violência se materializara na ruptura do hímen, essa membrana-selo que provocava muitas controvérsias, angústias e desgraças.

Nas situações como a que Albertina enfrentara, via de regra, não restava à vítima senão conformar-se com o "mau passo dado", expressão que em si mesma denuncia uma grande parcela de responsabilidade da mulher, por entregar-se a um homem fora do tálamo conjugal. Ainda assim, a ação radical de Albertina Barbosa não fora um caso único, apenas um caso pouco frequente.

Se Albertina é a figura mais fascinante do crime da Galeria de Cristal, seu marido, Eliziário Bonilha, tem traços de um personagem-enigma, na expressão de um jornalista. Em torno dele, choveram interrogações. Na versão que aparece na crônica de Júlia Lopes de Almeida, Eliziário teria sido o instigador do crime, embora não fosse seu autor material. Ele seria um joguete que, entre coagido e fascinado por Albertina, a auxiliou a realizar sua vingança. Os disparos, quase concomitantes ao esfaqueamento de Malheiros, sugeriram a outros que teria havido uma divisão de trabalho. A Albertina coubera desfechar os tiros de revólver, e a Eliziário, brandir a faca.

E Malheiros? Merecedor de um enterro de primeira classe, das homenagens de seus colegas à beira do túmulo, o bacharel tornou-se, em pouco tempo, um personagem secundário. Mesmo a acusação raras vezes explorou a figura de um moço distinto com uma carreira diante de si, que pagara um preço altíssimo por uma aventura certamente censurável. Albertina, em primeiro lugar, e de certo modo também Eliziário ganharam protagonismo. A figura de Malheiros, quando surgia de quando em quando, era refratada pelos dois, numa imagem desfavorável. Ele era o responsável por iludir Albertina; por abandonar seu filho na roda de expostos; se era vítima, era uma vítima manchada pelos terríveis erros de seu passado.

6 — NA CADEIA PÚBLICA. O PRIMEIRO JULGAMENTO

Recolhidos em locais separados da cadeia pública, Albertina e Eliziário trataram de passar o tempo mantendo, tanto quanto possível, seus hábitos certamente inusitados no âmbito prisional. Sempre que possível, liam os jornais e textos de ficção. De quando em quando, Eliziário levantava voo e transportava-se para um mundo distante, onde se dedicava a escrever sonetos românticos.

Aos domingos, ocorriam os encontros do casal. Conversavam todo o tempo permitido e trocavam beijos furtivos, sob a vigilância dos guardas. A mãe de Eliziário o visitava nesses fins de semana, mas recusava-se a falar com Albertina, a quem atribuía todas as desgraças sofridas pelo filho. D. Rosa, mãe de Albertina, aparecia de vez em quando, com ares de quem cumpre uma obrigação.

Mas prisão era prisão e, além disso, antes mesmo do término do inquérito policial, o casal teve de enfrentar dificuldades financeiras. Tão logo ocorreu o crime, a Secretaria da Educação mandou instaurar um inquérito administrativo para investigar a conduta moral de ambos. Um inspetor escolar se deslocou até Ribeirão Preto, onde disse ter ouvido quinze pessoas, todas francamente desfavoráveis ao comportamento pregresso de Albertina e Eliziário. De nada valeu a solicitação de colegas professores para que o processo administrativo fosse sobrestado até o julgamento da ação criminal. O processo prosseguiu e ambos perderam seus cargos no magistério público, por conduta indigna e não pela prática do crime. Não seria possível demiti-los por infração penal grave sem que antes houvesse uma condenação no processo.

Fosse porque era verdade, fosse para fomentar a comiseração da opinião pública em favor da ré, ou ambas as coisas, *O Commercio de São Paulo* divulgou um retrato penoso de Albertina na cadeia poucos dias antes de seu primeiro julgamento. Depois de dizer que ela estava em adiantado estado de gravidez, tendo pedido ao médico de serviço na cadeia diversos vidros de vinhos tônicos, o jornal assinalou a fonte principal de seus aborrecimentos:

À tarde, a acusada passeia pelo pátio, onde lê livros de literatura. No mesmo pátio, trabalham na lavagem de roupa, muitas mulheres presas por crimes de ferimentos graves, leves, morte e vadiagem, mulheres essas boçais e de péssimos precedentes. Essa convivência abateu profundamente a professora que, ultimamente, deixou de fazer os acostumados passeios.[32]

O inquérito policial foi concluído em duas semanas. Sua parte mais curiosa era a dos depoimentos prestados por testemunhas residentes em Ribeirão Preto. Estas trataram de desqualificar o comportamento de Albertina, nas várias cidades do interior onde ela lecionara. Antenor Teixeira de Andrade, ex-delegado de polícia em Nuporanga, por exemplo, disse que conheceu a professora Albertina, a qual passou alguns dias em sua casa, dali se transferindo para outros cômodos, alugados em casas de família. Albertina morou naquela cidade por cerca de quatro meses, e ele ouviu muitos comentários desabonadores acerca de certos passeios, em companhia de rapazes solteiros. Depois, foi exercer o magistério na cidade de Salles Oliveira e ali se hospedou no hotel de um polaco chamado Antônio Zenco, um lugar duvidoso "que os rapazes da cidade costumam procurar para seus folguedos". Tão censurável era o comportamento da moça que o polaco resolveu dispensá-la de seu hotel. Ainda segundo a testemunha, Albertina foi então morar sozinha numa casa, "onde continuou com seus excessos, por ele mesmo verificados, pois a janela de seu quarto conservava-se aberta até altas horas da noite". Dois professores depuseram no mesmo sentido, insistindo que ela saía a passeio com rapazes a cidades vizinhas e se deixava cortejar escandalosamente.[33]

O primeiro julgamento dos acusados pelo assassinato do bacharel Malheiros despertou em São Paulo um interesse semelhante ao do crime praticado por Michel Trad no ano anterior. A encenação dramática do júri, o brilho das falas de promotores e advogados, a expectativa da votação dos jurados se assemelhavam aos espetáculos teatrais levados à cena nos palcos da cidade. Admiráveis eram os promotores capazes de levar à imposição de penas pesadas a quem não merecia tanto, ou era inocente. Mais admiráveis ainda, os advogados criminalistas quando conseguiam amenizar as penas impostas por delitos escabrosos, ou pôr em liberdade criminosos sob as mais engenhosas justificativas.

A retórica destes despertava quase sempre maior emoção, pois o sentimento de pena que certos réus suscitavam tendia a ser maior que o ódio incitado pelos promotores, ao exagerar a suposta monstruosidade de muitos réus. Mesmo assim, havia acusados que pelas circunstâncias terríveis do crime, ou pela antipatia que provocavam, já iam a júri praticamente condenados, fosse qual fosse a habilidade retórica de seus defensores.

Apenas quatro meses transcorreram entre o sumário de culpa e a sessão do júri realizada em 29 de junho daquele ano de 1909. O casal seria submetido a julgamento na vigência do Código Penal de 1890, editado logo após a proclamação da República, observadas sob o aspecto do procedimento as normas da lei estadual n. 18, de 21 de novembro de 1891. A lei, como outras que a antecederam, referendava a composição de classe média e de elite na formação do júri. Os doze jurados deviam ser eleitores, excluíam-se os criados de servir e os praças de pré — os chamados inferiores das Forças Armadas até o grau de sargento. Quanto ao gênero, ficam implicitamente excluídas as mulheres, dada a dependência, real ou suposta, de seus maridos.

Elaborado por uma comissão de juristas, o diploma legal teve como principal redator João Batista Pereira, advogado e professor da Faculdade Livre do Rio de Janeiro, escolhido pelo ministro da Justiça Campos Salles. Batista Pereira tinha sido conselheiro do Império e já nos últimos anos do período monárquico fora encarregado de um projeto de código. Sua carreira conservadora indica a dominância da escola clássica na redação do texto, admitidos alguns preceitos advindos do positivismo, cuja influência se estendera por vários países do mundo ocidental, a partir das obras de autores como Lombroso, Ferri, Sigheli, Garofalo.

No caso específico do crime de homicídio, o Código Penal introduziu entre as dirimentes, ou seja, entre as hipóteses que excluem a responsabilidade do réu, o reconhecimento de que o agente do crime agira "em estado de completa privação dos sentidos e da inteligência".

Sob o influxo da escola clássica, e seguindo o exemplo do Código Penal da Baviera, o legislador quis acentuar o primado da razão, do pleno gozo das faculdades mentais, o livre-arbítrio, ao responsabilizar alguém pela prática de um crime. Essa hipótese foi muito criticada pela maioria dos juristas e membros do Poder Judiciário, por servir de válvula de escape para maridos, namorados ou amantes que eliminavam suas companheiras, por suspeita de traição ou adultério. Mas a dirimente foi reconhecida também em casos menos frequentes, em que mulheres mataram seus companheiros, ou em situações sui generis, como a enfrentada pelo júri no crime da Galeria de Cristal. Entre os vários exemplos, destaco o homicídio praticado por Catarina Pereira Bonecker, jovem viúva de 26 anos, filha de um capitalista, que em 1919 mata seu companheiro, João Bueno Aguiar, mais conhecido como Nhô-Nhô Aguiar, viúvo e membro de uma família tradicional. Catarina declarou no processo-crime ter vivido com o tal Nhô-Nhô Aguiar por cerca de três anos e, nesse tempo, apesar de seus desejos, ele sempre se recusou a casar-se. Tudo se complica quando ela sofre um aborto e seu pai, que tudo ignorava, a expulsa de casa. Ela então compra um revólver, que conserva sempre em seu poder. Dias depois, quando saem à rua para dar um passeio, começam a discutir. Catarina ameaça matar o amante e, diante de uma expressão irônica deste — "então quer matar um Don Juan?" —, ela mata Aguiar com vários tiros e se fere, ao atirar contra o próprio peito.

Outro exemplo é o de Maria Notari, filha de um construtor de casas que, em meados de 1913, começa a namorar um rapaz chamado Artur Clemente de Souza. Do namoro às relações sexuais, Maria engravida, o jovem a abandona e ela tenta um aborto fracassado. Os pais a apoiam e garantem que ela era menor, embora não tivessem registrado seu nascimento. Após exames periciais e a confissão dos pais no sentido de que queriam responsabilizar Artur por um comportamento vergonhoso, conclui-se que Maria já era maior por ocasião de seu defloramento. A pedido do promotor, o processo foi arquivado, mas a história não acabou aí. Três dias após o arquivamento, em fevereiro de 1915, a moça escreve o último capítulo do melodrama. Armada com um revólver do pai, ela espera o namorado na rua dos Timbiras, bairro de Santa Efigênia, por onde ele costumava passar. Após breve discussão, em que Artur diz que não lhe deve nada, Maria saca do revólver e mata o ex-namorado, que se retirava, com três tiros pelas costas.[34]

O dispositivo excludente da criminalidade vigorou por volta de cinquenta anos, sendo modificado pela frase "perturbação dos sentidos e da inteligência", em 1923. Curiosamente, atribuiu-se a uma falha do *Diário Oficial*, que poderia ter sido retificada de imediato, o uso da palavra "privação" em vez de "perturbação" no texto da lei. De qualquer forma, a redação assim alterada deu ao preceito maior elasticidade. Ele não foi incluído no Código Penal de 1940, redigido por uma comissão em que figurou pelo menos um membro expressamente defensor do positivismo jurídico, como foi o caso de Roberto Lyra. Uma inovação introduzida pelo Código foi a figura das medidas de segurança detentivas, sem prazo definido, aplicáveis a despeito de uma pena ter sido ou não imposta ao réu. Ao basear-se num critério de periculosidade, o Código representou um passo a mais na introdução de critérios médicos no âmbito penal. Mais do que isso, revelou a influência da corrente positivista, para quem a periculosidade de um delinquente com relação à ordem social é um princípio norteador básico, acima da sua responsabilidade individual.[35] Os "matadores da paixão" continuaram a ser quase invariavelmente absolvidos, com fundamento numa interpretação extensiva da legítima defesa, ao se admitir a figura da legítima defesa da honra de si próprio, ou de sua família.

Albertina era acusada de homicídio com uma série de agravantes e como responsável direta pelo crime; Eliziário, também por homicídio com agravantes, mas por prestar auxílio indispensável à prática do crime. Por esse enquadramento, vemos que o Judiciário, prudentemente, não deu ouvidos às múltiplas versões de autoria do delito, algumas das quais talvez encerrassem uma parte da verdade.

Eram oito horas da manhã quando Albertina e Eliziário deixaram a cadeia pública da avenida Tiradentes, em carros separados, sob escolta de cavalarianos da Força Pública. Albertina estava nos últimos meses de uma "gravidez sem mácula", pois dessa vez o pai da criança era o marido, Eliziário.

Dada sua condição, o carro que a transportava percorreu vagarosamente as ruas calçadas de paralelepípedo até chegar ao fórum, na rua do Riachuelo, atrás da Faculdade de Direito. Os réus subiram as escadas do sobradão de dois andares cujas amplas janelas se abriam para a avenida Brigadeiro Luís Antônio. Eles foram conduzidos a uma sala dos fundos, onde ficaram por muito tempo, à espera da abertura dos trabalhos. Passava das onze horas quando Albertina entrou no recinto da sessão, trajando "uma *matinée* de gorgorão preto com peitilhos de cetim, trazendo nos cabelos, presa em laço, uma larga fita da mesma cor". Eliziário, na medida do possível sempre elegante, envergava um terno de fraque preto e plastrom da mesma cor. Calçava botinas de verniz e só não completava sua aparência com o lorgnon, os

Presídio Tiradentes. Mais tarde, o local abrigou presos políticos.

83

óculos de uma só haste que sempre o acompanhavam, porque não lhe permitiram usá-lo na prisão. Na descrição do *Correio Paulistano*, quando os réus se sentaram, Albertina soluçava e tinha um lenço nas mãos para enxugar os olhos marejados de lágrimas. Eliziário parecia indiferente ao público e teria deitado um olhar de desprezo aos jurados.[36]

O salão do júri, com capacidade para quinhentas pessoas, estava lotado de advogados, estudantes de direito e muitos professores e professoras que vieram acompanhar o julgamento dos colegas. Quem não dispunha de ingresso ficou diante do prédio, na expectativa de que alguma vaga fosse aberta. As pessoas do lado de fora puderam assistir de perto à entrada dos advogados de defesa, uma certa compensação para quem se frustrara por não poder acompanhar o julgamento. Eles eram três: dois encarregados da defesa de Albertina — Carlos Cyrillo Júnior e Castor Nogueira Cobra — e um terceiro, responsável pela defesa de Eliziário, o dr. Fernandes Coelho. Cyrillo Júnior formou-se em 1908; Castor Nogueira Cobra, em 1906. O mais idoso de todos, Fernandes Coelho, bacharelara-se em 1874 e não pertencia, portanto, à geração dos demais.

O advogado Castor Cobra trajava a *"toilette"* adequada para os grandes dias: calça clara, paletó preto, gravata de um vermelho discreto, sapatos de verniz. Por sua vez, Fernandes Coelho, mais formal, envergava uma sobrecasaca preta e cartola lhe cobrindo a cabeça. Ele atraiu a atenção dos repórteres que o cercaram na escadaria do fórum, menos pelo traje e mais pelos boatos de que pleitearia a separação do processo. Fernandes Coelho preferiu deixar a incerteza no ar. Cofiando o cavanhaque, com ar de mistério, respondia a todos: "Quem sabe?". Maior curiosidade ainda provocou o advogado Cyrillo Júnior, todo vestido de preto, cartola nas mãos, calçado com botinas de verniz, pelo fato de vir acompanhado de um auxiliar que carregava duas pesadas malas. Os dois entraram no recinto do tribunal e as malas foram abertas sobre a mesa dos trabalhos. Delas saltaram tratados de direito e de psicologia em várias línguas, prenunciando os argumentos de autoridade que o advogado iria desfechar em defesa da ré.

A sessão foi aberta pelo presidente do Tribunal do Júri, Luiz Ayres, pouco antes do meio-dia. Logo na abertura, os advogados, tanto os de Albertina quanto os de Eliziário, divergiram na escolha dos membros do júri. A controvérsia girou em torno do nome de Maurício Levy, formado pela Faculdade de Direito em 1897 e, provavelmente, o primeiro acadêmico de origem judaica que nela obteve o grau de bacharel. Diante do impasse, o dr. Fernandes Coelho solicitou ao juiz presidente o desdobramento do processo. Pela proposta, Albertina seria julgada em primeiro lugar e Eliziário, depois. A divergência entre os advogados parece ter sido ensaiada, mas, não obstante, a manobra processual foi deferida sem controvérsia. Talvez seus desdobramentos não tenham sido antevistos em todos os seus aspectos, nem mesmo pela defesa.

A essa altura, um gesto de carinho comoveu a assistência. Ao ser retirado da sala de sessões, pois já não faria parte daquele julgamento, Eliziário aproximou-se de Albertina, que discretamente derramava algumas lágrimas. Ele parou por um momento, passou a mão no rosto dela e apertou-lhe as mãos.

A maioria dos membros do Conselho de Sentença portava sobrenomes tradicionais. Eram poucos os sobrenomes estrangeiros, mesmo porque a imigração em massa para São

Paulo datava de poucos anos. Quando aparecem patronímicos estrangeiros (Lebeis, Morse, Duprat), são de pessoas cujos ascendentes haviam migrado fazia muito tempo para o Brasil. Entre os nomes brasileiros, um dos mais significativos era o de Virgílio Dias de Toledo, formado em 1904 pelo largo São Francisco e, portanto, contemporâneo da vítima. Após ter sido formado o Conselho de Sentença, interrogada a ré, o escrivão murmurou a título de leitura as peças do volumoso processo. Distraído, sem acompanhar o enfadonho procedimento, o público despertou quando o promotor Márcio Munhoz tomou a palavra. Ele começou dizendo que era preciso atentar para o fato de que tinham decorrido quatro anos desde o fim das relações amorosas entre Albertina Barbosa e Arthur Malheiros. Antes que os defensores da ré viessem lançar a tese da privação dos sentidos e da inteligência — continuou ele —, o tempo decorrido e a premeditação na prática do crime demonstravam que estávamos na verdade diante de uma *vendetta*, praticada por uma mulher fria, serena na aparência, como a bela Beatrice Cenci, notável assassina de tempos renascentistas.[37] De fato, "a prova do processo demonstrava que Albertina Barbosa era uma jovem perversa que, dominada pelo revoltante espírito de ódio e vingança, matou o desventurado moço dr. Arthur Malheiros, esperança aberta para os consolos de sua querida avó".

Essa Albertina, "orgulhosa de sua ferocidade, estranhável num coração de mulher, negara alimentação a sua filhinha, desfazendo-se dela, repelindo-a como objeto inoportuno". A partir desse ponto, a acusação se voltou para o suposto comportamento irregular da ré quando percorrera várias cidades do interior do estado, como professora

Largo São Francisco em 1906.

de primeiras letras. Por fim, depois de citar a opinião de juristas e psiquiatras sobre os crimes da paixão, e voltar a sustentar a inocorrência da dirimente de privação dos sentidos, o promotor pediu a condenação de Albertina no grau máximo do artigo 291 do Código Penal, ou seja, trinta anos de prisão celular.

O discurso do dr. Márcio Munhoz estendera-se por mais de duas horas. Depois de alguns minutos de descanso, subiu à tribuna o advogado Castor Cobra. Para começar, ele se lançou a uma avaliação comparativa dos julgamentos em matéria criminal, por parte do júri e do juiz togado. Assim, ao enumerar os méritos do júri — o julgamento dos cidadãos por seus pares como garantia das liberdades individuais —, o advogado de defesa, num rompante, radicalizou seus elogios, dizendo "que a quase divina instituição afasta do arbítrio da toga, nem sempre íntegra e inconsútil, os direitos sagrados da humanidade". O advogado Castor Cobra proclamou as virtudes da instituição do júri, louvor que era comum na oratória dos criminalistas, mas introduziu uma crítica muito pouco enunciada, ou seja, "a inexplicável ausência" das mulheres na composição do corpo de jurados. "Por quem, afinal, é o sexo feminino julgado? Por juízes que podem mergulhar no golfão insondável da alma feminina, que sabem por si mesmos quão terno, quão frágil e quão móbil é o coração das mulheres? Não, para que possamos corrigir o defeito da nossa organização social [...] deixai-vos invadir pela alma imaculada de vossa irmã ou de vossa filha."[38] A exclusão das mulheres, ou a não obrigatoriedade de sua presença no corpo de jurados, perdurou por longo tempo. O Código de Processo Penal (CPP) de 1941 previa em seu artigo 436, parágrafo único, inciso IX, a isenção do serviço do júri às mulheres que não exercessem função pública e provassem que, em virtude de ocupações domésticas, o serviço do júri lhes era particularmente difícil. Afinal, a distinção de gênero deixou de existir, por força das alterações do CPP, previstas na lei federal n. 11689/88.

Depois dessa crítica frontal à composição do júri, Castor Cobra lançou um tema que perpassou muitas discussões após o crime, girando em torno da compatibilidade ou não do ato praticado por Albertina com as características intrínsecas de uma presumível alma feminina — tema tratado não só por Júlia Lopes de Almeida e Carmen Dolores, mas por outras figuras da elite letrada da época.

Por último, o defensor tratou de demonstrar que o ato de Albertina não fora criminoso, mesmo porque, segundo ele, "a gravidez diminuía a responsabilidade moral da mulher, a ponto de levá-la à loucura. Mais do que essa circunstância, a ré se enquadrava de forma nítida na dirimente da privação dos sentidos e da inteligência, como sua narrativa pretendia demonstrar: a jovem professora, depois da desonra, da perda de uma filha, pensara encontrar afinal, no amor de Eliziário, um lenitivo para seu sofrimento. Mas este, ao ouvir a história de seu passado, roído pelo ciúme, formulou o dilema terrível: só continuarei a seu lado se o outro morrer. Ao limiar da paz e da felicidade, o Destino, cruel e irredutível, erguia-se de novo a sua frente e indicava-lhe uma nova via dolorosa; outro caminho de dilacerantes espinhos...". As palavras finais de Castor Cobra mal foram ouvidas, ao serem encobertas por uma salva de palmas.

Às seis da tarde, juiz e jurados retiraram-se do recinto para jantar. Estômagos reconfortados, reaberta a sessão uma hora depois, houve réplica da promotoria e tréplica da defesa. Finalmente, os debates terminaram e, quando os jurados ingressaram na sala secreta para decidir, o dr. Luiz Ayres, considerando o estado de Albertina, facultou-lhe não assistir à leitura das respostas aos quesitos. Era cerca de meia-noite.

Mais uma vez, as respostas provocaram uma longa salva de palmas: os membros do júri, em decisão unânime, absolveram Albertina Barbosa, reconhecendo que ela assassinara Arthur Malheiros no estado de privação dos sentidos e da inteligência. Com isso, Albertina ganhava imediatamente a liberdade. Decorre da votação um dado interessante: como a decisão do júri foi unânime, é certo que Virgílio Dias de Toledo, colega da vítima, votou pela absolvição de Albertina. Mas duas perguntas ficam no ar. Presumindo-se que o voto do bacharel Virgílio não era conhecido de antemão, por que os atilados defensores de Albertina não recusaram seu nome para compor o Conselho de Sentença, considerando que ele iria julgar uma acusada que matara um contemporâneo da faculdade e colega de profissão? Segunda pergunta: por que essa circunstância não levou o jurado a depositar na urna um voto condenatório?

Mas o presidente do Tribunal do Júri, Luiz Ayres, que procurara interromper com sucessivos toques de tímpano as palmas da assistência, não se conformou com a decisão. Apelou ao Tribunal de Justiça, solicitando a anulação do julgamento por duas razões. A primeira era de ordem técnica e muito comum em casos semelhantes. A seu ver, o júri fora incongruente na resposta aos quesitos. Ele se dividira em números iguais ao votar as agravantes de traição e surpresa no ato de praticar o crime e, ao mesmo tempo, reconhecera a dirimente da privação de sentidos e da inteligência — um estado psíquico que não se harmonizava com as agravantes reconhecidas.

A segunda razão era mais específica e tem incidência nos dias de hoje, mais de cem anos depois do crime da Galeria, quando se discute sobre o tratamento especial a ser dado a mulheres presas, grávidas ou com filhos na primeira infância. O presidente do Conselho de Sentença, logo após o julgamento, num arroubo insopitável, declarara que se fizera justiça porque "seria um crime deixar-se a ré dar à luz na cadeia". A expressão indicava, segundo o juiz, que os jurados se deixaram levar pela excessiva preocupação com o adiantado estado de gravidez em que se achava Albertina Barbosa por ocasião do julgamento. Excessiva preocupação, porque as autoridades competentes, em cumprimento da lei, saberiam dar à parturiente o conforto possível no ato de nascer seu segundo filho. Condenável seria criar uma modalidade de absolvição, determinada pelos impulsos do coração brasileiro, sempre grande e generoso, mas insustentável e mesmo perigoso contra a ordem social.[39] Logo após a absolvição de Albertina, o *Diário Popular*, cuja postura se inclinara a uma franca simpatia pela ré, sustentou que o desfecho do caso só poderia ser esse, embora o fundamento da absolvição fosse equivocado. A professora não cometera crime algum. Ela apenas assistira à cena de sangue, pois como mulher, e mulher frágil, não poderia ter manejado sucessivamente os dois instrumentos letais, o revólver e a faca.

A absolvição de Albertina repercutiu na opinião pública nesse ano de 1909, mas teve de ceder as maiores atenções ao mundo da política. Colunas e colunas dos jornais cobriram as peripécias da disputa para a Presidência da República, tendo de um lado o jurista Ruy Barbosa e, de outro, o marechal Hermes da Fonseca, sobrinho do marechal Deodoro. Quando em 27 de janeiro de 1910 Albertina teve de enfrentar um segundo julgamento, as tensões estavam no auge, a ponto de o governo federal ter enviado tropas do Exército a São Paulo, a pretexto da realização de manobras. Era a primeira vez que surgia uma disputa real para o comando da República, expressando não só os confrontos oligárquicos, como a emergência nas grandes cidades de uma classe média que defendia a efetiva implantação de um regime liberal no país, encarnado na figura do jurista Ruy Barbosa. O confronto entre o candidato oficial — o marechal Hermes da Fonseca — e Ruy Barbosa tomou a forma de uma cruzada ideológica entre o civilismo e o militarismo. A vitória do marechal, nas eleições de 1º de março de 1910, produziu uma profunda desilusão nos meios letrados da época, principalmente nas duas maiores cidades do país. Não por acaso, Ruy venceu tanto no Rio de Janeiro quanto em São Paulo.

7 — O SEGUNDO JULGAMENTO E A INDIGNADA IMPRENSA CARIOCA

No início de 1910, se quase todos os olhos estavam voltados para as eleições presidenciais, o mesmo não acontecia com Albertina Barbosa, que esperava um segundo julgamento.

De fato, o recurso impetrado pelo magistrado Luiz Ayres contra sua absolvição foi acolhido pelo Tribunal de Justiça, e ela voltou a ser presa, dez dias antes do novo julgamento. As circunstâncias pareciam bastante favoráveis. Ela fora absolvida por unanimidade, e a imprensa, com uma ou outra exceção, saudara a decisão dos jurados. Eram claros indícios de que a opinião pública se pusera a seu lado.

No dia do julgamento, pela manhã, Albertina foi transportada da cadeia pública para o fórum. Dessa vez o casal ia no mesmo carro, e Eliziário, dada a separação do processo, não seria julgado naquele dia. Se no primeiro julgamento Albertina se encontrava nos últimos meses de gravidez, agora trazia no colo o filho Antônio, bebê de seis meses, que choramingou durante todo o percurso entre a cadeia e o fórum, sacudido pelo movimento do carro.

Como sempre, Albertina se vestia modestamente, amenizando a cor preta do primeiro julgamento com uma blusa branca. Eliziário fazia jus ao esforço de trajar-se com certo requinte, no limite das suas posses: paletó escuro, colete branco, gravata plastrom branca, botinas de verniz.

No prédio do fórum, o casal foi instalado numa sala onde pôde conversar em voz baixa por algum tempo. Logo uma sineta anunciou o início do julgamento. Eliziário foi mandado de volta para a cadeia, mas antes o casal protagonizou uma cena que enterneceu a audiência. Ele tratou de acalmar Albertina, cujos olhos estavam marejados de lágrimas, ao dizer que tudo se daria como da primeira vez. Mas não foi bem assim.

Presidia o Tribunal do Júri o magistrado Vicente de Carvalho. Ele foi também jornalista, fazendeiro, formulador de um plano de valorização do café e principalmente poeta, tendo integrado a Academia Brasileira de Letras.[40] Nascido em Santos (1866), encantado com as belezas do litoral paulista, tornou-se muito conhecido como "poeta do mar", pela temática de muitos de seus versos. Naquele momento, porém, o mar não embalava os sonhos do juiz Vicente de Carvalho, que tinha de concentrar-se em rígidos deveres, ao presidir a sessão de julgamento de um caso grave.

Passava das onze horas da manhã quando os trabalhos foram iniciados. Após o interrogatório de Albertina ocorreu um incidente. Em nome do corpo de jurados, um deles — de nome Câmara Lopes — solicitou ao presidente do júri que o pequeno Antônio fosse retirado da sala. Inquieta, naquele ambiente abafado, a criança se agitava de tal forma que, na opinião dos jurados, perturbava os trabalhos. O dr. Vicente de Carvalho não deferiu o pedido: o pequenino estava em fase de amamentação e não poderia ser separado da mãe. Ele convocaria uma mulher para tomar conta da criança, caso fosse preciso. Os jurados se entreolharam com estranheza, mas tiveram de aceitar.

Superado o incidente, o escrivão começou a leitura dos autos, compostos de vários volumes, que só terminou por volta das quatro horas da tarde. Na sala lotada, a plateia aguentou a leitura insípida, sob o calor do verão. Quem quisesse assistir à parte mais atraente do julgamento, era obrigado a fazer o sacrifício, pois não faltavam, do lado de fora, senhoras e cavalheiros que, de senha nas mãos, aguardavam uma vaga para penetrar no recinto.

Depois de um descanso de meia hora, subiu à tribuna o dr. Sylvio de Campos, promotor público titular. Formado na Faculdade de Direito do Largo São Francisco em 1903, o dr. Sylvio de Campos atuara num crime de grande repercussão, ligado à vinda da missão militar francesa a São Paulo, em março de 1906, para dar treinamento à Força Pública (Polícia Militar). A iniciativa do presidente do estado, Jorge Tibiriçá, tinha por objetivo profissionalizar a milícia paulista, dando-lhe condições de enfrentar qualquer ameaça à autonomia estadual, o que viria a ocorrer no governo do marechal Hermes da Fonseca, e também reprimir movimentos grevistas. Não por acaso, a vinda da missão foi vista com reticência pelo governo federal e alvo de ataques dos jornais cariocas, para os quais São Paulo queria converter-se na Prússia brasileira. No âmbito da Força Pública, seu comandante, que era oriundo do Exército, pediu demissão diante de uma iniciativa que considerava ser uma intromissão indevida de oficiais estrangeiros numa instituição militar brasileira.

As relações entre os instrutores e os inferiores da Força Pública envolveram nos primeiros tempos um desajuste cultural. Os franceses trataram de disciplinar e dar treinamento militar a um contingente heterogêneo que muitas vezes, nos primeiros tempos, não se adaptava à rigidez de seu comando.

Esse clima explica em parte o crime cometido pelo sargento José Rodrigues de Mello, ao vitimar o segundo homem em importância da missão francesa, o tenente-coronel Raoul Negrel, e o alferes Manoel Moraes de Magalhães. O fato aconteceu na manhã de 11 de junho de 1906, quando no pátio do Quartel da Luz, na avenida Tiradentes, os oficiais faziam uma revista rotineira da tropa. O sargento apareceu subitamente no quadrilátero dos exercícios, empunhando um fuzil, e desfechou tiros mortais no oficial francês e no alferes. Várias versões surgiram sobre as razões do crime, todas elas ligadas a humilhações que o alferes teria sofrido. O crime teve imensa repercussão e o governo da França quis retirar a missão militar de São Paulo, sustentando que aquele não fora um episódio isolado, como alegava o governo paulista, mas uma demonstração de que não existiam condições mínimas de amadurecimento para que a atividade dos oficiais franceses pudesse produzir bons frutos. Afinal, o caso acabou sendo superado e a missão atuou em São Paulo até 1914, retornando em 1919, após o fim da Primeira Guerra Mundial. Processado e levado a julgamento pelo Tribunal do Júri, o sargento Mello recebeu a pena máxima de trinta anos de prisão. Para o promotor Sylvio de Campos, o processo contra o sargento Mello foi um daqueles que todo acusador deseja. O réu não tinha saída, se tivesse atenuantes elas jamais seriam aceitas e, se ele não sofresse uma pesada pena, os militares franceses abandonariam São Paulo.[41] Mas agora Sylvio de Campos se via diante de um caso bem mais complicado. Teria de obter uma severa condenação da ré, após um veredicto absolutório unânime. Começou por admitir que o julgamento pelo júri suaviza os rigores da lei, permitindo tomar-se liberdades que um juiz togado não pode tomar. Acontece, porém — prosseguiu o promotor —, que as decisões desse corpo heterogêneo são muitas vezes marcadas pelo erro. Citou a propósito o sociólogo francês Le Bon, famoso por seus estudos sobre a psicologia das massas, para quem "os jurados não resistem à visão de uma acusada que amamente seu filhinho, ou o desfile doloroso de um grupo de orfãozinhos". Além disso, os jurados estariam cercados de mil perigos: seduções, gentilezas, agrados, bajulações e, pior que isso, o canto de sereia da corrupção. E tratou de estabelecer uma diferença, expressando rivalidades federativas: "No Rio de Janeiro, um júri foi subornado. Para honra de São Paulo, é preciso que se diga: aqui o jurado nunca foi acusado de desonestidade. Mas é bom demais; é sentimentalista".

O dr. Sylvio de Campos enveredou em seguida por uma contraposição entre o que considerava a enganosa encenação retórica e as virtudes da ciência, numa síntese exemplar de sua visão positivista. Segundo ele, uma das piores características dos julgamentos, como vinham sendo encenados, consistia na eloquência forense. Essa era uma das principais razões para que o público acorresse às sessões do júri nos crimes de grande repercussão. O duelo verbal entre acusação e defesa, a presença na tribuna de advogados conhecidos pela sua exuberância oratória, convertia o julgamento em um encontro de vozes que se aproximava da cena lírica.

O promotor assumia uma postura de defesa dos princípios da ciência, em face da emoção e do sentimentalismo, pois, ao citar Scipio Sighele — uma das figuras centrais da criminologia positivista —, fez votos para que um dia os tribunais não se enchessem mais de público para ouvir os oradores de nomeada, como se fossem tenores célebres. A partir desse dia, seria possível denunciar a sugestão da palavra, por imprimir no cérebro a mesma deletéria impressão da corrupção material. O promotor exortou:

> Trabalhe o júri para esse nobilíssimo alcance, que fará a eloquência forense perder o que tem de teatral e venal, e equiparar-se à função social que é a acusação. Então, as armas a empregar não serão mais as da retórica com o seu fatal prestígio. As armas serão escolhidas no arsenal da ciência. A eloquência forense transformar-se-á num estudo de psiquiatria, de psicologia, de ciência jurídico-penal e de medicina legal, únicas bases para julgar de acordo com a justiça.[42]

Depois, o dr. Sylvio de Campos ressaltou que o júri pusera na rua muitos criminosos perigosos, os quais, em liberdade, cometeram outros crimes. Sem dúvida, ressalvou, o júri havia determinado punições injustas a quem não as merecia, e também fora feliz em certos casos. Mas as decisões eram em geral marcadas por uma leniência ao arrepio da lei, por uma corrente má que, "por certo, este corpo de jurados vencerá pela força da sua vontade, pela dignidade das suas decisões". Chegara a hora de tentar destruir a figura de Albertina, "essa assassina não ocasional, nem passional como ela pretende, e sim uma criminosa por natureza e por instinto. Pelo lado da hereditariedade, ela tem sua mãe, que é uma perdida" — uma referência ao fato de que d. Rosa confessara ter um amante. Albertina, ainda no começo da vida, já realizara em miniatura a conduta da mãe: o passado da ré era uma esteira entretecida por atos de libidinagem. A personalidade malsã de Albertina seria assim um compósito formado pela hereditariedade e pelo meio social em que fora criada. Para demonstrar esse último aspecto, o promotor recorreu a uma categorização dos locais de prostituição parisiense, Paris figurando sempre como o grande modelo do sublime e do impuro. Disse ele:

Não são as casas públicas aquelas em que se pratica o deboche quase oficialmente, as mais perigosas. Essas casas são policiadas e o que nelas se passa não pode ficar escondido. Tais alcouces vêm sendo substituídos pelas clandestinas casas de *rendez-vous* onde se misturam a prostituta profissional; a mulher presa ao homem pelo casamento; a *grisette*, a operária desviada do bom caminho pela sedução forte de um interesse. Mas há um local pior do que o bordel, o *rendez-vous*. É a casa de pensão, onde a autoridade policial não pode exercer sua atividade. Numa casa como essa, dirigida por sua mãe, que vive separada de seu marido, e que tem um amante, como é público e notório, viveu a ré Albertina. Defeituosa havia de ser, por força, sua educação em semelhante ambiente. O exemplo materno, as cenas desregradas que perpassavam por seus olhos, tiraram-lhe o pudor, empalideceram-lhe o brio.

Prosseguindo nessa linha, o promotor tratou de demonstrar que a atividade de Albertina como professora de primeiras letras, em várias cidades do interior, nada tivera de edificante. Valeu-se para tanto das testemunhas residentes em Ribeirão Preto que haviam deposto no inquérito policial. Mas, em juízo, no sumário de culpa, a imagem negativa de Albertina desvaneceu diante do recuo de várias testemunhas. Alberto Juvenal de Oliveira esclareceu ter dado más informações sobre a professora a partir do que lhe disseram terceiros, mas verificara, num segundo momento, que tais informações eram levianas. O polaco Antônio Zenco, dono do hotel do qual Albertina teria sido despejada, veio a juízo pela primeira vez para afirmar que não despedira Albertina de seu hotel por comportamento censurável, e sim "por outras razões que preferia não declinar". Aparentando indignação, o dr. Sylvio de Campos encenou uma explosão indignada, a que não faltou uma pitada de racismo: "É inexplicável que esse polaco minta!".

Em seguida, o promotor enveredou por um terreno menos escorregadio, ao atacar de frente o ponto débil da absolvição. Assim, ele procurou demonstrar a impossibilidade de se aplicar a esse "crime horrendo" a dirimente da privação dos sentidos e da inteligência. A ré premeditara a morte de Malheiros e o fizera de surpresa e à traição. Examinou as circunstâncias do primeiro julgamento absolutório e acentuou que os jurados tinham se sensibilizado com a gravidez de Albertina, sem atentar para sua personalidade: "Não vos inspire piedade sua maternidade enganosa. Ela trouxe agora, pela via do delito, mais um desgraçadinho gerado em suas entranhas. Amanhã, quando lhes deres, porventura, uma liberdade injusta e revoltante, essa pobre criança iria fazer companhia à primeira". Logo adiante, bateu na mesma tecla, ao buscar desfazer um eventual sentimento de culpa por parte dos jurados:

Não vos incomodeis pela criança cuja salvação está em ser separada da ré pelas vias legais da condenação que proferirdes. Dai-lhe a merecida pena, castigo suscetível a trazer-lhe remorso e a paz da alma, que desperte sua sensibilidade adormecida e que ponha nos seus ouvidos inapagáveis, perduradores, os vagidos longínquos de seus filhos sacrificados, lembrando-lhe a ferocidade de sua mãe assassina.[43]

O promotor falou longamente. Começara sua oração nas primeiras horas da noite, no lusco-fusco de uma tarde de verão, e terminara por volta da meia-noite. A sessão foi suspensa por meia hora, quando os jurados se retiraram da sala de sessões para descansar e tomar uma xícara de chá.

Nesse segundo julgamento, o advogado Cyrillo Júnior assumiu sozinho a defesa de Albertina. Não deixaria por menos a competição com o promotor: iria atravessar a madrugada, falando também por quatro horas seguidas. Ele se encontrava em posição mais favorável do que a acusação, pois procurava obter a ratificação de uma sentença absolutória proferida por unanimidade e, nas suas palavras, recebida com aplausos quase unânimes das populações do país, e da imprensa do Rio de Janeiro e de São Paulo. O promotor viajara ao reino da fantasia, quando equiparara o domicílio da mãe de Albertina a uma casa de pensão pior do que um bordel, quando tratara a ré como uma criminosa nata, a cuja hereditariedade malsã se somara o crescimento em um meio nefasto. O defensor tratou de resguardar-se de uma surpresa, ao repisar toda a argumentação do primeiro julgamento e dedilhar novas teclas emocionais. Chamando de poema o já então célebre romance de Máximo Gorki *A mãe*, publicado em 1907, abriu fogo contra a mãe de Albertina, colocada nos antípodas da figura materna desenhada pelo autor revolucionário russo.

Terminada a argumentação da promotoria e da defesa, os jurados se retiraram para votar. Passava das cinco horas da madrugada quando eles voltaram da sala secreta, com a resposta aos quesitos formulados pelo presidente do Tribunal. Lá fora chovia forte, e o auditório continuava lotado, à espera do desfecho. Após admitirem provado o fato principal por unanimidade de votos, os jurados reconheceram, por maioria, a ocorrência das agravantes de premeditação, surpresa, ajuste, superioridade em armas e uma circunstância atenuante. Até aí o desfecho estava em suspenso, pois, no julgamento absolutório anterior, também as agravantes tinham sido admitidas. Mas a decisão foi diametralmente oposta à anterior, ao negar que a ré tivesse cometido o crime em estado de perturbação dos sentidos e da inteligência. Agora, o novo júri, por oito votos, votava pela punição do crime, reconhecidas as circunstâncias agravantes.

De conformidade com a resposta aos quesitos, o dr. Vicente de Carvalho proferiu a sentença, condenando a ré a 25 anos e seis meses de prisão celular. Albertina sentiu o golpe. O dr. Cyrillo apressou-se a ampará-la e cochichou algumas palavras em seu ouvido, quem sabe explicando que a longa pena imposta possibilitava o protesto por um novo júri.

Quase toda a imprensa criticou fortemente a condenação. O jornal *O Paiʒ*, por exemplo, afirmou sem rodeios:

> O júri da capital paulista, cuja benevolência para os grandes afortunados criminosos tem corrido parelha com a do júri desta capital, não teve desta vez a complacência a que o levou, decerto, no primeiro julgamento a pressão moral da imprensa, e condenou essa rapariga que tomou para si, com um heroísmo digno de melhor sorte, um papel que visivelmente não lhe cabe.[44]

Foi ainda mais longe o *Correio da Manhã*, ao atribuir a longa pena aplicada a Albertina não apenas, genericamente, à desigualdade, e sim a uma categoria social bem definida, qual seja, a casta hipócrita constituída pela sociedade paulista. Disse o jornal:

> Albertina Barbosa não é um monstro e sim a heroína de um sensacional caso de polícia, que foi batizado pomposamente pelos jornais de "A tragédia da Galeria de Cristal". A sua grande culpa é ter assassinado, em presença do marido, o indivíduo de quem fora amante e que, sem piedade, a abandonara após a sedução. Aqui está um desses crimes chamados *passionais*, tão da simpatia das multidões e dos próprios tribunais.
>
> Contra Albertina, porém, levantou-se a gana desenfreada da sociedade paulista, e em torno dela a opinião pública cerrou os punhos, disse-lhe desaforos. E isso porque, sendo o morto pessoa de representação, era preciso, antes de tudo, vingar a casta insultada.
>
> Os acusadores de Albertina não se recordam, entretanto, que o seu sedutor esqueceu os brilhos dessa casta quando lhe foi arrancar a sua honestidade, atolando-a na perdição.

Mas Albertina venceu, reabilitando-se. E, quando já se julgava redimida, aparece o ex-amante gabando-se de tê-la possuído, gabando-se de ainda a possuir, a ela, que entrara limpa na sociedade. Esses alardes do vaidoso conquistador, que não soubera erguê-la quando, a seus rogos, tropeçara e caíra, chegam aos ouvidos do esposo de Albertina e ela, querendo dar-lhe uma prova do seu grande amor e da sua fidelidade, faz vir à presença de ambos o homem a cujas solicitações, num triste momento da sua vida, obedecera. Ninguém poderá penetrar no mistério que se desenrolou naquele compartimento de hotel, quando os três, em conselho explicativo, procuravam interpretar ou desfazer os rumores do gabo [sic] que dizia ter o sedutor de Albertina, de havê-la perdido e gozado, de continuar ainda a gozá-la. Sabe-se apenas que houve uma descarga de revólver e, sobre o assoalho ensanguentado e mortalmente ferido, caíra o corpo do que foi o autor da desgraça dessa mulher já reabilitada, e a cujos pés estrebuchava, nos estertores derradeiros.

A opinião pública sem conhecer os secretos motivos do crime, sem indagar mesmo do tête-à-tête sinistro, caiu, numa sede de fera, sobre Albertina. E ela arrastou esse tumultuar de antipatia generalizada, compareceu pela primeira vez ao tribunal, empinando para os juízes ríspidos, como num mudo protesto da honestidade reconquistada, a ponta do seu ventre fecundo. Absolveram-na. Mas a veemente acusação da sociedade (que rabugenta matrona d'olhos vesgos e míopes, a sociedade!) exigia do tribunal que atirasse Albertina ao cárcere.

E Albertina voltou a novo julgamento, porque, no primeiro, a consciência dos juízes não tinha sido bem iluminada. Já trazia ao colo, pequenino e tenro, o fruto do seu amor legítimo, de antemão carimbado pela chancela da lei. A criança foi-lhe arrancada dos braços porque, naquele recinto grave, os trabalhos não deveriam ser interrompidos pelas explosões inoportunas da piedade.

Desta vez, os juízes de fato, mais iluminados, mais compenetrados dos seus imensos deveres, condenaram Albertina a 25 anos de enxovia. Que ela se estiole, nessa reclusão malvada. Os brios da sociedade, da pudibunda sociedade paulista, estão vingados.[45]

8—TERCEIRO JULGAMENTO: UMA BATALHA QUASE DECISIVA

O terceiro julgamento, possibilitado pelo grau da pena imposta, seria vital para Albertina, na iminência de cumprir uma longa pena no caso de nova condenação. O ritual dos julgamentos anteriores se repetiu. Albertina chegou ao fórum pela manhã, no carro de presos da cadeia pública. Vestia-se de preto, aparentava calma e trazia no colo o bebê Antônio, agora com dez meses de idade. A criança chorou durante todo o tempo da viagem, e continuou a chorar nos braços da mãe, quando ela subiu as escadas do fórum, cercada pelos repórteres e pelas muitas pessoas que já se encontravam à espera.

Aberta a sessão pelo magistrado Vicente de Carvalho, procedeu-se ao sorteio dos jurados, que incluiu vários descendentes de estrangeiros, circunstância que não se repetiu em julgamentos subsequentes. Esses cidadãos eram Henrique Bamberg, proprietário de uma próspera casa de modas, denominada La Saison; o dr. Ernesto Kuhlmann, advogado e jornalista, membro do diretório do PRP em Campinas; Ernesto T. Rhein; Augusto Schmidt, todos de origem alemã, filhos ou netos de gente que chegara a São Paulo a partir das primeiras décadas do século XIX. Indagada se tinha algo a declarar contra as testemunhas, Albertina disse pela primeira vez que tinha, sim, contra aquelas pessoas maldosas que haviam desabonado sua conduta em Ribeirão Preto.

Iniciou a acusação o promotor Adalberto Garcia, substituto de seu colega Sylvio de Campos, que já atuara no chamado crime da mala. Se lhe faltava o brilho do antecessor, tinha ao menos um fôlego igualmente invejável. Começou a falar às quatro horas de tarde e, com breves intervalos, o fez até as duas da madrugada, sem aparentar cansaço. Em linhas gerais, sua argumentação seguiu a linha das anteriores. Trouxe à cena um punhado de criminosos célebres, estudados por Cesare Lombroso, para identificar a ré com a figura do criminoso instintivo.[46] O maior esforço consistiria em demonstrar que a ré não agira em estado de completa privação dos sentidos e da inteligência, "esse monstruoso guarda-chuva quando interpretado erroneamente, aberto a todas as iniquidades, ao amparo dos assassinos indefesos, dos criminosos terríveis e perversos". Ainda a respeito da dirimente, o promotor Adalberto Garcia criticou o fato de a defesa não ter solicitado um exame de sanidade, certamente porque receara seu resultado. Aqui, fica a dúvida: por que a promotoria não solicitara esse procedimento?

Por outro lado, transparece de sua longa fala a tentativa de dissociar Albertina da figura de mãe carinhosa, aludindo ao suposto ponto fraco da defesa, ou seja, o abandono do primeiro filho: "Revelaria afetividade ou sentimento de amor materno a mulher que repelisse de si uma raquítica e desgraçada criancinha, gerada em suas próprias entranhas?". E logo adiante: "A fera mata, estrangula, ou se deixa matar na disputa do filho! E Albertina? Não façamos injúria ao animal bravio, com semelhante confronto...".

Albertina permaneceu impassível quase todo o julgamento e só esboçou sinais de contrariedade quando o promotor se utilizou do depoimento de sua mãe, que fizera restrições a sua conduta por entregar-se aos caprichos do dr. Malheiros, e assim envergonhar a família. O promotor terminou suas palavras com uma estocada retórica: "Aqui terminamos nossa acusação. Excusem-nos os honrados juízes o haver tomado por largo tempo a sua generosa e cativante atenção. Era necessário que assim procedêssemos, ante a hediondez do crime, fruto da mais repelente traição, da mais negra perfídia e da mais requintada selvageria".[47]

Em meio ao silêncio, às duas horas da madrugada, o dr. Cyrillo Júnior tomou a palavra. Antônio, que não conseguira dormir, perturbado pelas luzes da sala apinhada de gente, e pelos arroubos do defensor que tratava de livrar sua mãe do cárcere, por fim adormeceu. O advogado concentrou sua defesa na tese de que estávamos diante de um crime passional, considerando que a força da paixão podia estar latente ao longo do tempo e explodir num dado momento, em virtude de circunstâncias especiais. Sustentou a tese com o apoio de uma série de autores, enfatizando as observações do psicólogo alemão Krafft-Ebing, para quem a paixão constitui um estado mórbido, razão pela qual as ações cometidas durante tal estado de afetividade não envolvem nenhuma responsabilidade do agente.[48] Na peroração, o advogado destacou as relações entre Malheiros e Albertina, pelo prisma da perversidade de um e de inocência da outra: "fora ele que a arruinara, levando-a cega numa sede de felicidade e de amor, por esse caminho do calvário, recusando-o e fugindo-lhe, desde que o corpo passivo e submisso se tornara perigoso, santificado pela germinação da flor em seu sangue, terreno onde nascera um rebento de sua carne".[49]

Os jurados, que haviam assistido a um inflamado duelo retórico ao longo da noite, encerraram-se por duas horas na sala secreta, às voltas com uma difícil decisão. Já era dia claro quando voltaram ao plenário.

O presidente do Tribunal passou a ler as respostas a cada um dos quesitos. Por maioria de votos, o júri decidiu que, ao praticar o crime, Albertina agira com premeditação, traição, superioridade em armas e em ajuste com outro indivíduo. O júri reconheceu apenas a atenuante da prática do crime como retorção a grave injúria (art. 42, par. 2º do Código Penal de 1890). Nada disso era decisivo. Mais uma vez, tudo dependia da resposta ao oitavo quesito: agira a ré com completa perturbação dos sentidos e da inteligência? Sim, respondeu a maioria dos jurados, em votação cujo resultado foi de sete votos a cinco. Albertina abriu um amplo sorriso, e uma calorosa salva de palmas saudou a decisão. O pequeno Antônio, que àquela altura dormia, despertou assustado com o barulho. Não poderia saber que ali se jogara um lance decisivo de seu destino, e o resultado lhe fora favorável.

Mas nem tudo eram flores. Como a decisão não tinha sido unânime, Albertina continuou presa, à espera do julgamento de recurso interposto pelo promotor ao Tribunal de Justiça, pleiteando a anulação da sentença por incongruência nas respostas dos jurados. Nas suas razões de apelação, o dr. Adalberto Garcia foi sucinto e objetivo. Demonstrou a impossibilidade de se reconhecer a ocorrência de premeditação e, ao mesmo tempo, de privação de sentidos, trocando a retórica agressiva pela ironia: "Estamos diante de um contrassenso, a não ser que se crie a figura da privação de sentidos premeditada". Ele se deteve menos no exame do caráter de Albertina, e explorou uma escorregadela da defesa no julgamento. "Sim", afirmou, "como disse a defesa, a ré nascera e vivera num charco imundo, mas não fora capaz de ficar imune àquele ambiente. Era nesse charco imundo que Albertina e o dr. Malheiros haviam realizado a conjunção carnal, essa sim premeditada pela ré para conseguir um amante ou um marido que a levasse a subir os lances de escada da ascensão social."[50] Em conclusão, o promotor Adalberto Garcia solicitou ao Tribunal de Justiça que decretasse a nulidade da decisão do júri, por contradição nas respostas aos quesitos. O recurso foi acolhido por unanimidade.

9—ÚLTIMOS LANCES

A novela judicial prosseguiria, com um quarto julgamento, em fevereiro de 1911. A sessão do júri foi mais curta do que as sessões anteriores. Falou o promotor, desancando novamente a instituição do júri e o que acontecera em julgamentos anteriores, quando uma "cabala" se armara para favorecer a ré. Prosseguiu, sustentando a tese de que Albertina já se encontrava grávida de quatro meses de um indivíduo desconhecido quando mantivera relações sexuais com Malheiros — uma alegação sem fundamento nos autos. E encerrou sua fala com um apelo à condenação de Albertina, "essa demolidora da honra, essa sanguinária degoladora de cadáveres que deve expiar seu crime numa cela da penitenciária". A defesa foi reforçada pelo dr. Castor Cobra, que atuara no primeiro julgamento. Pairava ainda no ar a condenação da ré no segundo julgamento e nada estava decidido definitivamente. O advogado disse que não pudera participar daquele julgamento porque se encontrava no Rio de Janeiro, mas ficara imaginando o que teria ocorrido para que uma justa absolvição por unanimidade fosse sucedida por uma pena de 25 anos de prisão. Finalmente, ponderou, descobrira a razão daquela estranha reviravolta. Um dos jurados, quebrando a regra da incomunicabilidade, e atuando como auxiliar gratuito do promotor, conseguira convencer outros

membros do júri, sabe-se lá como, a votar pela condenação de uma jovem inocente. Depois de tentar afastar para bem longe a lembrança daquela "desastrosa decisão", o dr. Castor Cobra repisou os costumeiros argumentos de defesa e conclamou o Conselho de Sentença a confirmar o último julgamento absolutório.[51]

Quando o juiz-presidente leu as respostas do Conselho de Sentença que regressara da sala secreta, a ansiedade cresceu. Houve empate nas respostas sobre as agravantes de premeditação, traição e ajuste com outrem para a prática do crime, assim como na resposta ao quesito da perturbação dos sentidos e da inteligência. Negou-se, por unanimidade, a existência de atenuantes. Beneficiada pela legislação em vigor, dispondo que o empate de votos equivaleria à absolvição, Albertina superou mais um obstáculo, mas não ganhou a liberdade.

Restava um último capítulo. Acolhido mais um recurso da promotoria ao Tribunal de Justiça solicitando a anulação do julgamento, chegou-se ao quinto julgamento, em 25 de novembro de 1911. A expectativa de que algo de excepcional acontecesse era reduzida. Àquela altura, mesmo após um empate, era improvável que a ré fosse condenada, e que a sequência de recursos prosseguisse infinitamente.

Albertina veio da cadeia pública, mais uma vez vestida de preto, trazendo o menino Antônio nos braços. Na sala das sessões, um repórter do *Correio Paulistano*, quebrando a linha do jornal, deixou-se levar pela figura do menino Antônio: "Durante a leitura do processo, o filho de Albertina, uma galante e loura criança, palrava, na sua inconsciência infantil, alheia a tudo, alegremente, um tanto assustada, porém, ante a grande afluência de curiosos no recinto do Tribunal".[52]

A sequência processual seguiu os procedimentos cabíveis. Na sua deliberação, o Conselho de Sentença fechou um círculo e voltou ao ponto de partida: a dirimente da privação de sentidos e da inteligência foi acolhida por unanimidade. Tudo indica que os jurados quiseram dessa vez pôr fim à série de julgamentos, ao negar a ocorrência de premeditação, por onze votos. A promotoria ficava sem a possibilidade de explorar a contradição entre o reconhecimento da agravante (premeditação) e da dirimente (perturbação dos sentidos e da inteligência). Esses aspectos técnicos já não interessavam a Albertina. Para ela, o crime da Galeria de Cristal terminava aqui, com a recuperação definitiva de sua liberdade.

Ela fora submetida a cinco julgamentos pelo Tribunal do Júri, num período relativamente curto de menos de três anos. Esse é um indicativo de que os tribunais de São Paulo estavam bem menos congestionados em comparação aos dias que correm, embora não faltassem queixas nos jornais da época acerca da morosidade das decisões. Em apenas um desses cinco julgamentos — o segundo da série — Albertina foi condenada a uma longa pena, de 25 anos e seis meses de prisão. Houve, nos outros, duas absolvições por unanimidade, uma por maioria de votos e um empate. Considerados os jurados individualmente, 41 optaram pela absolvição e dezenove pela condenação.

O que teria levado os membros do júri a julgar inocente uma mulher que assassinara seu ofensor com base na "completa privação dos sentidos e da inteligência", quando quatro anos haviam decorrido entre a ofensa e o crime? Em face da lei, não teriam razão os promotores que insistiram nas contradições dos jurados e em execrar a aplicação da dirimente, dadas as características do caso? Na esfera jurídica, era muito problemático refutar sua argumentação. Afinal de contas, os ministros do Tribunal de Justiça sempre seguiram a letra da lei, ou a lógica das respostas aos quesitos propostos pelos jurados, ao mandar submeter a ré a novos julgamentos, prolongando o limbo em que se encontrava Albertina.

Mas, para a maioria dos jurados, importava acima de tudo o que consideravam fazer justiça, obedecendo pois aos princípios, ao sentimento dominante na sociedade, acima da interpretação literal da lei: ficara provado que a ré era uma jovem honesta, com uma atividade profissional respeitável, que se encontrava grávida no início do processo, e depois trazia no colo, com desvelo, seu filho legítimo. Essa circunstância foi largamente explorada por seus advogados, e pelos jornais que lhe eram simpáticos: cuidados com o transporte de Albertina grávida da prisão para o fórum, presença do menino Antônio, dormitando nos julgamentos, atraindo as atenções como o mais frágil protagonista da cena. Antes de ser uma assassina monstruosa, ela fora vítima de um jovem instruído, com maiores oportunidades na vida, a quem cabia a culpa pelo abandono e a morte da criança gerada pelos dois. Era preciso, sim, enquadrar o caso nas normas legais, porém estas não poderiam sobrepor-se aos princípios, ao propósito de se fazer justiça. Além disso, os jurados que votaram pela absolvição de Albertina devem ter pensado: que sentido teria aplicar-lhe uma longa pena, atirá-la ao cárcere, deixar que seu filho perdesse o carinho materno, ou mesmo acabasse sendo abandonado? Melhor seria abrir em favor da professorinha o guarda-chuva tão criticado pelos juízes togados — a providencial dirimente da completa privação dos sentidos e da inteligência.

Entretanto, Albertina não era simplesmente a moça grávida de uma gravidez sem jaça, a mãe carinhosa, a professorinha frágil que despertou tanta compreensão. Esses eram alguns aspectos de sua personalidade, mas havia outros. Os outros fugiam aos estereótipos de seu tempo, não tanto porque ela integrasse o grupo minoritário de mulheres que mataram namorados, amantes ou maridos por crimes envolvendo a honra. Albertina tinha particularidades especiais por sua história de vida, pelas peripécias de seu crime e de seu julgamento. Admitidos os momentos de fraqueza, ela demonstrou uma determinação férrea e sem limites ao assassinar o bacharel Malheiros, quatro anos após ser desprezada por ele, quem sabe por entender que a vingança resultante da honra violada não está sujeita à prescrição. Na cena do crime, é ela quem tem o papel principal, a ponto de alguns jornais duvidarem de seu protagonismo. Depois, não só enfrenta a série de cinco julgamentos, como discute publicamente seu caso e o das mulheres vítimas de sedutores, a ponto de propor, retoricamente, sua contribuição a uma eventual reforma do Código Penal para puni-los com a imposição de longas penas. Não teria sido essa combinação de seu perfil psicológico, esse misto de papéis masculinos e femininos que atraiu a simpatia, se não o apoio, de quase toda a imprensa, a ponto de se atribuir a ela a qualificação de heroína? Não teria sido essa figura complexa que levou a maioria dos jurados a absolvê-la? Se for assim, esse sangrento episódio singular não revelaria indícios de uma sociedade urbana em transformação, em que os valores tradicionais começavam a ser postos em dúvida?

Mas seria avançar o sinal ver em Albertina tão somente as características de uma mulher muito à frente de seu tempo. Um ponto relevante, afora seu comportamento respeitável, é o das razões de seu ato homicida. Se ela foi impelida ao crime pela ameaça de ruptura do casamento por parte de Eliziário, estaríamos num terreno banal. Porém, como protagonista da ação criminosa, teria chegado a esse ponto pelo desejo de vingança, da reparação da honra, ou por ambas as coisas? Seja como for, honra ou vingança são valores próprios de seu tempo. Tanto mais que, não obstante a perda da filha que tivera com Malheiros, a vida de Albertina se reconstruíra pela via do casamento e, caso optasse pela tranquilidade de um lar, melhor seria esquecer o passado.

Ao considerar o conjunto dos julgamentos, constata-se que em quatro situações juízes togados ou promotores apelaram ao Tribunal de Justiça, pleiteando a nulidade das decisões dos jurados e, invariavelmente, as apelações foram providas. O fundamento dessas decisões era sólido, do ponto de vista lógico, pois se evidenciava uma inarredável contradição, ao se decidir que um homicídio premeditado não constituía um ato criminoso, pelo reconhecimento de que a ré se beneficiava da dirimente citada.

10 — OS JULGAMENTOS DE ELIZIÁRIO: UM FINAL PREVISÍVEL

Agora, tornara-se oportuno para os advogados de defesa o julgamento de Eliziário, que permanecera preso desde o momento do crime. Mas o sacrifício produzira bons frutos. Se os advogados lograssem a absolvição definitiva de Albertina, como de fato aconteceu, Bonilha ficaria em situação favorável. Isso, embora fosse possível concluir que ele fora o autor material, ou o instigador do crime, ou ainda que, se Albertina pudera valer-se da dirimente da completa perturbação dos sentidos e da inteligência, ele não teria como abrigar-se no mesmo fundamento absolutório. O tempo também favorecia Eliziário, pois quase dois anos tinham se passado desde a cena de sangue do Hotel Bella Vista, e seu impacto ia perdendo força.

O primeiro julgamento ocorreu em 30 de novembro de 1911, apenas cinco dias após a última sentença absolutória em favor de Albertina. O promotor Alcebíades Delamare começou fazendo uma reverência ao professor Cândido Mota, que iria atuar na defesa ao lado do dr. Fernandes Coelho, a quem chamou de jurista ilustre e um dos ornamentos do Parlamento Nacional. A partir daí, fez uma acusação frágil, bem longe das orações carregadas de hipérboles, de exclamações, de reticências que marcaram as falas acusatórias nos julgamentos de Albertina.

"Condenar Eliziário", disse o promotor, "não seria negar-lhe justiça — seria submetê-lo a um regime de reedificação moral, para que não volte a atentar contra a ordem social, regenerando-se, expiando seus pecados, extirpando-lhe os maus sentimentos, e gravando-lhe no coração, indelevelmente, a noção do dever, do respeito à lei e à sociedade." Como se vê, essa parte da fala do promotor sugere que ele resolvera abandonar os qualificativos terríveis lançados contra os dois réus em outros julgamentos. Acreditando ou fingindo acreditar nas virtudes reabilitadoras da pena de prisão, ele preferiu apontar a Eliziário esse caminho, como o único viável para sua "reedificação moral".

Tomou a palavra pela defesa o advogado Fernandes Coelho, que agora colhia os frutos da separação do processo. Sem destruir a figura de Albertina, o advogado de Eliziário contraditou a narrativa da ré, invertendo os papéis supostamente desempenhados por cada um deles após o casamento. Não, Eliziário nada exigira da mulher, um jovem tão sensível jamais a ameaçaria com o abandono caso não lavasse em sangue seu passado. Ao contrário, fora ela quem o impelira a auxiliá-la na prática do crime, utilizando-se de uma férrea determinação, combinada com a arma poderosa da sedução feminina. Invertiam-se assim os papéis: ela fora o agente ativo e dominante, procedendo como os homens costumam proceder. Para surpresa de todos, ele desempenhara o papel de agente passivo, típico do sexo feminino. Essas palavras dramáticas, que aparentemente denegriam o co-réu, na realidade abriam caminho para sua absolvição. Ao concluir sua fala, o advogado Fernandes Coelho subiu o tom:

A desgraça que feriu Eliziário, supondo ter conseguido realizar um casamento feliz com Albertina, consistiu na surpresa com que se viu, inesperadamente, à frente de Malheiros, um rival do passado. O ódio pelo rival Malheiros pelo ciúme retrospectivo, o amor ardente por Albertina, com cuja desgraça se identificou quando ela lhe narrou os fatos e lhe exigiu, em nome do amor, que cumprisse todas as suas ordens e pedidos, converteram-no no servo de uma ideia fixa, num homem sem vontade e sem império sobre si mesmo, mas identificado com as angústias de sua esposa. Ciumento e sugestionado, Eliziário não tinha a plenitude de sua razão, e era um autômato da vontade de sua mulher.

O professor Cândido Mota seguiu a mesma trilha e, antes do fim do dia, o presidente do Tribunal leu as respostas dos jurados às perguntas a eles formuladas. Eliziário Bonilha foi absolvido por sete votos, considerando-se não provada sua participação no crime.[53]

Diante da absolvição, o *Correio Paulistano* lançou um dos mais ferinos ataques à instituição do júri e à elástica interpretação da dirimente da privação dos sentidos. Depois de dizer que a conclusão a que se chega é que não há ninguém responsável pelo assassinato do dr. Arthur Malheiros, praticado em pleno dia, num dos hotéis mais frequentados de São Paulo, o jornal afirma categoricamente:

A absolvição de Eliziário Bonilha constitui mais um sintoma dessa terrível e dissolvente tendência de absolver todo criminoso, em defesa de quem se alega um elástico conceito do que seja a perturbação dos sentidos e da inteligência, reforçado com a abundante metralha que em barda [em grande quantidade] nos oferece a leitura dos criminologistas, na sua tarefa inútil, mas demolidora, de provar, perante a sociologia, que o crime não é o crime.

Como se vê, o crime da Galeria de Cristal trouxe à baila com maior virulência uma questão sempre presente em tempos passados, dividindo defensores e adversários da instituição do júri. Prevista na Constituição do Império, por algumas décadas, ela sofreu críticas entre os liberais sob a alegação de que os juízes togados eram preferíveis aos jurados porque muitos destes, sobretudo nos meios rurais, estavam sujeitos às pressões dos potentados, eram corrompidos, ignorantes, ou tendiam a comover-se e a absolver acusados, a torto e a direito.

Nos primeiros anos do século xx, as posições tinham se invertido. As correntes liberais defendiam o júri como expressão da soberania popular, ao sustentar que os jurados tinham, sim, capacidade de entender o conteúdo das normais legais, além de estarem em melhores condições para expressar a moral média vigente na sociedade.

O processo contra Eliziário Bonilha subiu ao Tribunal de Justiça e não houve surpresa quando o órgão colegiado deu provimento à apelação do presidente do Tribunal do Júri, sob o fundamento de que a decisão absolutória dos jurados contrariara a prova dos autos.

O segundo julgamento de Eliziário ocorreu em janeiro de 1913, quando seu caso já não despertava muita atenção. O tempo correra, Albertina fora inocentada, ele fora absolvido no primeiro julgamento e — detalhe não irrelevante — o dia era de intenso calor. O Fórum Criminal acolheu um público semelhante ao dos casos de pouca repercussão. O desfecho confirmou a absolvição de Eliziário Bonilha por não ter sido reconhecido como co-réu do crime. Essa decisão dos jurados era, para dizer o mínimo, curiosa. Ninguém negara que Eliziário fora comprar o instrumento do crime no Doutor das Tesouras; ninguém negara que ele estivesse no quarto do Hotel Bella Vista, onde se dera o delito; ninguém negara ainda que ele buscara o bacharel Malheiros na ladeira de São João para concretizar a emboscada fatal. Nem mesmo os advogados de defesa negaram sua participação no episódio, ao sustentar que seus atos foram resultantes da coação por parte de Albertina. Terminava aí, do ponto de vista jurídico, a história do crime da Galeria de Cristal. Manuseados por autoridades policiais, promotores, advogados e juízes, os autos desapareciam da cena, destinados a mofar na poeira dos arquivos.

ÚLTIMO ATO

Os cuidados recíprocos, os afagos ao longo da série de julgamentos demonstram que Albertina e Eliziário se amavam e que esse amor resistira, ou talvez crescera, ao longo das peripécias judiciais. Não há indícios de que a cumplicidade na morte de Malheiros lhes tenha despertado algum grau de arrependimento. A seus olhos, tinham feito justiça, e a Justiça com inicial maiúscula entendera assim, ao absolvê-los. O que lhes teria acontecido depois que ganharam a liberdade e o anonimato? Para dar uma resposta à questão é preciso lembrar mais uma vez que, entre os grandes delitos dos primeiros anos do século xx, o crime da Galeria de Cristal é o que mais se aproxima do gênero folhetim. Seguindo o gênero, por que não acreditar que Albertina e Eliziário, absolvidos pela justiça dos homens, viveram felizes por muitos e muitos anos? E quando se lembravam da cena sangrenta do Hotel Bella Vista, cada vez mais borrada no tempo, chegavam a duvidar que algo tão espantoso tivesse de fato acontecido.

PARTE II

OS CRIMES DA MALA

1 — NEGÓCIOS E AFETOS

Era um dia rotineiro no porto de Santos, esse 4 de outubro de 1928. Uma chuva miúda caía sobre as pedras do cais, enquanto alguns navios embarcavam cargas e passageiros. Um guindaste içava para o porão as malas do vapor de bandeira francesa *Massilia*, com destino a Bordeaux. Nessa operação, algo aconteceu: um baú voltou ao chão e foi carregado para o cais, diante do armazém 14.

Trancado à chave e amarrado por uma corda de juta, o baú tinha indicações de que viera de São Paulo pela SPR, a Inglesa, como era conhecida a ferrovia que liga São Paulo a Santos. Policiais em serviço no porto logo se aproximaram, abrindo caminho entre os curiosos que começavam a se aglomerar. Cortada a corda que envolvia o baú, rompida a fechadura, surgiu o corpo em decomposição de uma mulher clara, acomodada por várias peças de roupa.

A notícia lúgubre espalhou-se de boca em boca na cidade praiana e subiu a serra antes mesmo de ser estampada nos jornais. Nessas primeiras horas de incerteza, especulava-se que, pelas circunstâncias do crime, o autor daquela barbaridade só podia ser Michel Trad, de regresso da Europa. Mesmo passados vinte anos, muita gente ainda se lembrava de Michel ou ouvira falar do jovem alto, bem-apessoado, vestido com ternos e gravatas elegantes, versado em línguas, que, surpreendentemente, se transformara em bárbaro assassino. Ele nascera em Beirute — a capital do Líbano, na época incluída no Império Otomano — em 1885, proveniente de uma família de recursos, tendo emigrado para o Cairo, onde se empregou como guarda-livros em uma empresa francesa que, poucos meses após sua contratação, acabou falindo. Voltou a Beirute e decidiu emigrar para São Paulo, onde chegou em 1906. Trouxe uma carta de recomendação para um comerciante patrício, que lhe arrumou emprego numa casa comercial da rua Vinte e Cinco de Março, onde trabalhou apenas alguns meses, pois a empresa entrou em liquidação. Conseguiu em seguida emprego em um banco inglês — o River Plate Bank —, na função de guarda-livros. Saiu do banco após cinco meses, e aceitou proposta de um certo Elias Farhat, a quem já conhecia, para trabalhar em sua fábrica de calçados e casa comercial, na Vinte e Cinco de Março. Retornou a Beirute para visitar o pai doente, que veio a falecer, e regressou a São Paulo com novos planos. Em sociedade com José Farhat, um dos irmãos de Elias, pretendia abrir uma casa comercial de vestidos e roupas masculinas e, para tanto, foi a Paris em busca de peças da última moda.

Os imigrantes sírios e libaneses que aportavam no Brasil eram chamados de turcos porque entravam no país com

Michel Trad. *O Commercio de São Paulo*, 19 de março de 1909.

passaporte do Império Turco-Otomano, do qual a Síria e o Líbano faziam parte. Eram vistos como pessoas obstinadas, dispostas a qualquer sacrifício para vencer na vida, pouco instruídas, mas que logo aprendiam as frases básicas de um "português comercial". Em São Paulo, desde as últimas décadas do século XIX, quando a cidade contava com cerca de 250 mil habitantes, sírios e libaneses já se concentravam na rua Vinte e Cinco de Março. A rua tinha vocação comercial desde os tempos em que se chamava rua de Baixo, porque corria paralela ao rio Tamanduateí, por onde transitavam embarcações transportando mercadorias que vinham de Santos, ou iam de um ponto a outro da cidade. Perto da Vinte e Cinco de Março, ficava um dos portos do Tamanduateí — o Porto Geral, alcançado a partir da região central da cidade desde a ladeira Porto Geral. Mesmo após a retificação e posterior canalização do rio, a rua Vinte e Cinco continuou a ser um significativo núcleo comercial, favorecido pela existência do mercado inaugurado em 1867, na esquina da rua Vinte e Cinco com a ladeira General Carneiro, conhecido como mercado dos caipiras, por abrigar comerciantes vindos do interior.[54] Os primeiros sírios se estabeleceram no local na última década do século XIX. Pouco a pouco, eles substituíram os comerciantes alemães e italianos ali instalados, dedicando-se principalmente ao comércio de tecidos e de armarinho, atividade que seus predecessores não haviam explorado.

A escalada social dos imigrantes sírios e libaneses tinha como degrau inferior as atividades de mascate — a venda à prestação de mercadorias oferecidas de porta em porta nas residências da cidade. Eles carregavam uma caixa semelhante a uma arca, contendo as mercadorias, e anunciavam sua presença ao acionar uma matraca feita de duas tábuas ligadas nas extremidades por uma tira de couro.[55]

Sem ostentar o torvelinho dos dias de hoje, a Vinte e Cinco de Março já tinha certa importância. Fotografias da época mostram carroças enfileiradas dos dois lados das calçadas para transportar mercadorias, à espera de clientes. Muitos imigrantes sírios, ou libaneses, que haviam começado a vida como mascates, se fixaram definitivamente "na rua dos turcos"; outros se transferiram para as lojas de atacado da rua Florêncio de Abreu. Com o correr do tempo, alguns se tornaram grandes industriais, moradores de suntuosos palacetes erguidos no bairro do Ipiranga, próximos a suas fábricas de tecidos, ou na avenida Paulista, que se converteu, a partir de princípios do século XX, em um dos locais de residência da elite.

A paisagem da rua Vinte e Cinco de Março permanecia algo mais modesta: lojas de tecidos e de armarinho, algumas fábricas, casas residenciais ainda sem muitos ornatos,

Ladeira Porto Geral em 1915. Acima, o mercado dos caipiras nas proximidades da rua Vinte e Cinco de Março, 1870.

restaurantes de comida árabe. Elias Farhat e seu irmão Abrahão ali se destacavam, por serem proprietários de uma fábrica de calçados e de uma loja de tecidos, instaladas num sólido sobrado que abrigava também suas famílias no piso superior. Neste, uma única porta, ladeada por várias janelas, se abria para uma varanda gradeada, de onde era possível contemplar o movimento da rua. Sobre as portas de entrada do imóvel lia-se numa placa de grandes dimensões: FÁBRICA DE CALÇADOS A VAPOR — SYRIA. A empresa fora constituída em 1899, sob a denominação de Elias Farhat & Irmão, e batizada com um nome de fantasia — Casa Syria — que lembrava também a origem de seus sócios.

O quadro de relações rotineiras entre esses personagens começou a ser rompido quando Michel Trad deitou os olhos na jovem italiana Carolina Farhat, em solteira Carolina Vazzella, casada com Elias. Michel e Carolina tinham a mesma idade — 23 anos em 1908, enquanto Elias era onze anos mais velho. Numa fotografia de marido e mulher tirada em estúdio, Elias veste terno e colete escuros, um plastrom branco em lugar de gravata, e ostenta espessos bigodes, com as pontas viradas para cima. A seu lado, Carolina, de rosto cheio, bastos cabelos armados com cuidado, usa um vestido largo, cuja saia *ballonné* chega aos sapatos.

Por ocasião de seu casamento, realizado em 1899, Carolina tinha apenas quinze anos e, filha de gente pobre, trabalhara como operária numa das fábricas do bairro do Brás. O padrasto da moça — um comerciante italiano amigo de Elias — intermediara o enlace, que parecia conveniente para ambas as partes. Elias teria uma esposa jovem, bonita, que lhe daria o calor de sua juventude; Carolina, por sua vez, subiria vários degraus na escala social e teria o conforto que o marido iria lhe proporcionar.

Entretanto, o casamento arranjado foi visto com reticência por Maria Mori, mãe de Carolina, e com franca censura pelos irmãos de Elias e por outros membros da colônia síria. Matrimônios exógenos eram condenados pelos sírios e libaneses e outros grupos de imigrantes, especialmente os minoritários, que buscavam manter sua identidade em terra estranha e garantir um mercado matrimonial cativo para os jovens e as jovens da colônia.

Passados alguns anos, o casamento de Carolina e Elias começou a se complicar, confirmando o vaticínio de que aquilo não daria certo. De um lado, surgiram suspeitas acerca da fidelidade de Carolina, que corriam como verdade nas conversas entre gente da colônia síria; de outro, dizia-se que Elias, ciumento, obcecado pelas suspeitas, maltratava a mulher e, ainda mais, portador de uma doença não especificada, era incapaz de gerar filhos.

Ao mesmo tempo, depois de anos de prosperidade, os negócios da Casa Syria começaram a declinar, sobretudo devido ao arrojo de Elias nas suas transações, em época de crise gerada a partir das vicissitudes do mercado cafeeiro. Sem condições de dar saída a um grande estoque de mercadorias importadas, em princípios de 1908, ele precisava de recursos líquidos e, com esse objetivo, não encontrou outro jeito senão hipotecar o prédio da fábrica de calçados. Mesmo assim, no entanto, a empresa não conseguia equilibrar-se. No começo de setembro, diante das notícias de que Elias sumira, presumivelmente para fugir ao cumprimen-

Elias Farhat (*O Paiz*, 7 de setembro de 1908) e a Casa Syria, na rua Vinte e Cinco de Março (*O Commercio de São Paulo*, 8 de setembro de 1908).

to de suas obrigações, um dos credores requereu e obteve em juízo a falência da empresa Elias Farhat & Irmão. Foi nomeada síndico uma figura de prestígio na colônia síria: Nami Jafet, com atividades comerciais no centro da cidade e fábricas de tecido no bairro do Ipiranga.[56] Do ponto de vista comercial, a situação dramática teve um final até certo ponto feliz: quando a massa falida da empresa foi a leilão, os irmãos de Elias arremataram os bens, que se conservaram na família.

Voltemos ao quadro familiar. Em poucas semanas, a atração de Michel Trad por Carolina cresceu. Para ele, moço solteiro, sem compromissos, seria atraente ter um caso que envolvia riscos, mas lhe proporcionaria um prazer especial além do afetivo: o de enganar Elias, de quem não gostava,

Carolina Vazzella e Elias Farhat.
O Malho, 19 de setembro de 1908.

porque, embora paternalmente, ele queria interferir em todos os passos de sua vida. Suscitar desentendimentos entre o casal, por questões de pouca importância? Sugerir a Elias algum grau de proximidade entre ele, Michel, e Carolina, incentivando o ciúme do marido? Essas e outras opções lhe pareceram de longo prazo e de resultado incerto. A única saída era apagar do mapa aquele homem velho que impedia a realização de seus desejos, e a quem passara a odiar.

2—O CRIME

Ao planejar o crime, nos últimos dias de agosto de 1908, Trad começou pelo fim, ou seja, pelo sumiço do futuro cadáver. Comprou uma grande mala de cor amarela, reforçada por um engaste de ferro, numa loja da ladeira Porto Geral, e horas depois foi à rua de São João — uma via modesta de casas baixas enfileiradas — em busca de um funileiro. Entrou na oficina do italiano Francesco Ascoli, deu-lhe as medidas exatas para que fizesse uma caixa de zinco, a ser colocada dentro da mala, regateou o preço, como era de praxe, e fechou o serviço.

Personagem secundário da história, mas não menos interessante, Ascoli iria viver seu segundo momento de fama, agora como testemunha de um crime sensacional. No primeiro, ele fora protagonista de um delito culposo, ao tentar livrar-se de ratões e ratazanas que infestavam sua oficina. Na luta contra os roedores, Ascoli utilizava vassouras e armadilhas, mas sempre fracassava porque os roedores mortos eram substituídos por outros, em número cada vez maior. Certo dia, desesperado, ele apelou para um recurso extremo. Pegou uma espingarda e começou a atirar para o chão. Ocorre que os fundos da oficina eram contíguos a uma casa de espetáculos muito concorrida — o Teatro Po-

O funileiro Francesco Ascoli. *O Malho*, 19 de setembro de 1908.

Teatro Politeama, no Anhangabaú.

liteama —, instalada num barracão de zinco, no Anhangabaú.[57] Em meio à fuzilaria, um tiro perfurou o precário tabique de madeira que separava as duas construções e feriu um espectador. Com isso, Ascoli, além de não conseguir liquidar os roedores, viu-se às voltas com um processo.

Mas os roedores e o processo tinham ficado para trás. Ascoli se concentrou na confecção da caixa de zinco, que mandou entregar no endereço da rua Boa Vista. Trad lhe disse ser necessário reforçar a tampa da caixa, e que iria chamá-lo para completar o serviço, mas isso nunca aconteceu.

No dia 1º de setembro daquele ano de 1908, Michel Trad, que ainda prestava alguns serviços para a Casa Syria, convidou Elias para conversar sobre os problemas da empresa, em um lugar calmo: o sobrado da rua Boa Vista n. 39, onde ele tinha seu escritório e um quarto para morar. Antes, ele almoçou mais cedo num restaurante da rua Vinte e Cinco de Março, que costumava frequentar. O proprietário sírio do restaurante contou que Trad era um bom garfo, mas nesse dia comera pouco: dois ovos estalados, dos quais comeu apenas a gema, e uma laranja. O dia era decisivo e um estômago cheio não deveria perturbá-lo.[58] Num percurso de poucos minutos, assassino e vítima foram do largo São Bento, onde se encontraram, à rua Boa Vista. Chegaram ao sobrado de Trad e entraram no escritório. Trad ofereceu a Elias uma cadeira e, sem interromper uma animada conversa, afastou-se para pegar uma corda de linho, escondida debaixo de um móvel. Num gesto rápido, laçou o pescoço de Elias, que estava de costas para ele. Apoiou um dos joelhos nas costas da vítima e foi apertando a corda cada vez mais. Só parou quando a cabeça de Elias pendeu para o peito, e ruídos abafados silenciaram.

Praticado o crime, cercou-se de alguns cuidados. Visitou a família de Elias e, aparentemente muito preocupado, foi à polícia comunicar seu desaparecimento. Chegara a hora de livrar-se do corpo. Contratou um carroceiro que estacionava nas imediações da rua Boa Vista para que transportasse a pesada mala até a Estação da Luz, e a enviasse para Santos. No dia seguinte, Trad desceu a serra e resolveu hospedar-se no Parque Balneário — o melhor hotel da cidade. Solicitou a um funcionário do hotel que fosse buscar a mala no depósito de bagagens da Santos-Jundiaí, e explicou ao funcionário que a identificasse por um rótulo externo com as palavras "J. Procópio — Santos", pois perdera o comprovante do despacho.

O expediente funcionou. Ainda pela manhã, Trad recebeu a mala no hotel e providenciou sua remessa a um dentista patrício residente em Santos, explicando-lhe que a deixaria ali por algumas horas até a abertura do despacho de um navio em que iria viajar. Ele já comprara uma passagem para o Rio de Janeiro no vapor *Cordillère* que sairia de Santos no começo da noite, com destino à Europa e escala na capital da República.

À tarde, Trad foi buscar a mala na casa do amigo, e contratou um carroceiro que a levou até o cais do porto. Ele embarcou no *Cordillère* como um passageiro comum, mas não conseguiu impedir que a mala fosse colocada no porão do navio. Era preciso desfazer o erro. Insistiu com a tripulação para que trouxessem a mala ao convés, pois teria de procurar alguns pertences. O imediato de bordo se deixou convencer por aquele moço educado, bem-vestido, que acima de tudo argumentava em um francês elegante. Tão logo a mala foi depositada por três tripulantes num canto isolado do convés, Trad lhes disse que preferia levá-la para seu camarote, onde estaria mais bem acomodada. Mas, a essa altura, a mala começara a exalar um cheiro insuportável. Ele tratou de explicar que, como transportava gêneros alimentícios, o mau cheiro devia vir de algum vidro de conservas que havia se quebrado.

Naquelas condições, seria impossível colocar a mala no camarote. Ela deveria ficar num canto do convés até a chegada ao Rio de Janeiro, para onde era destinada. Como tudo aquilo parecia muito estranho, um dos tripulantes — Jean Joackim — passou a vigiar os movimentos do passageiro. O *Cordillère* saíra da barra de Santos no fim da tarde. Navegava em mar aberto havia pouco mais de uma hora quando Jean Joackim observou que o passageiro aproximara a mala da amurada do navio, e fazia enorme esforço para atirá-la ao mar. Então, ele o agarrou até a chegada do comandante do navio, que ordenou a abertura da mala. Trad se recusou a abri-la, alegando que não encontrava a chave. Quando a mala foi finalmente arrombada, no seu interior não havia vidros de conserva quebrados, mas sim o corpo em decomposição de um homem de cor branca, cabelos negros e lisos, dentadura completa e bem conservada. Suas vestes eram novas e de ótima qualidade; coisa incomum, o rosto não ostentava bigodes.

Diante da tripulação do navio e dos passageiros que acorreram ao convés, Trad foi obrigado a encarar o cadáver desfigurado de Elias. Aparentando total indiferença, afirmou que não tinha a menor ideia de quem se tratava, embora soubesse ter embarcado, a contragosto, com um cadáver na mala. O comandante do navio se conteve — afinal de contas nunca enfrentara uma situação como aquela —, afastou os passageiros curiosos, e deu voz de prisão a Trad. Determinou também que a mala fosse desinfetada e devolvida ao porão.

Na manhã do dia seguinte, o *Cordillère* aportou no Rio de Janeiro. Levado a uma delegacia, Trad contou sua versão do que havia acontecido. Alguns dias antes, teria sido procurado em São Paulo por dois italianos que lhe pediram que fosse intermediário de um contato com Elias Farhat para vender-lhe um lote de selos falsos, como já ocorrera em outras ocasiões. Em novo encontro, os italianos teriam revelado a Trad que, na verdade, haviam recebido a incumbência de matar Elias, a mando de homens "poderosos e ricos". Trad deveria guardar absoluto segredo sobre a empreitada, e comprar uma mala com a forma e as dimensões que lhe foram indicadas.

Sob ameaça de morte, Trad não tivera escolha e encomendara a mala, levando-a em seguida para seu escritório, na rua Boa Vista, pois os italianos lhe disseram que a enviariam para Santos e não tinham onde guardá-la em São Paulo. Dias depois, ao ir ao escritório, foi surpreendido pela presença dos dois italianos que acabavam de amarrar a mala, com cordas muito grossas. Os desconhecidos, depois de ameaçá-lo, apontaram para o volume e disseram "está feito". Como a mala não fora aberta, ele, Michel, não poderia afirmar nem desmentir que o corpo de Elias estivesse no seu interior. Sempre sob coação, ele teria providenciado o transporte da mala para Santos, acompanhado por um dos italianos. Trad disse não saber o nome dos homens, mas que podia descrevê-los, pois sempre os via no mercado da rua Vinte e Cinco de Março. O primeiro, aparentando ter por volta de trinta anos, era baixo, louro, de barba e espessos bigodes, vestia um paletó preto e calças claras listadas, chapéu mole, bengala preta apoiando seus passos; o segundo tinha traços e vestes semelhantes ao primeiro, mas era imberbe e se destacava por uma cicatriz bem visível junto à boca.[59]

3—0 SENSACIONALISMO DA IMPRENSA. FANTASIAS

A notícia de que um corpo havia sido encontrado no interior de uma mala, em um navio que navegava pela costa brasileira, despertou o apetite dos jornais. *O Commercio de São Paulo* publicou a primeira de uma série de reportagens sobre o crime em sua primeira página, abrangendo várias colunas, trazendo as fotografias do casal Carolina-Elias, e as fotografias em separado deste último e do "facinoroso" acusado. Essa primeira matéria foi aberta por uma manchete equivocada — UM HOMEM ESQUARTEJADO —, pois o corpo de Elias não chegara a ser mutilado.[60] Tal como iria acontecer no ano seguinte, quando ocorreu o crime da Galeria de Cristal, *O Commercio de São Paulo* tratou de esclarecer por que dava ao assassinato de Elias Farhat um tratamento aparatoso. Reconheceu que o jornal era impelido pela ambição de largas tiragens e pela ansiedade pueril do público, ao explorar minuciosamente casos empolgantes. Mas o propósito comercial se combinava com uma motivação ética, pois expor as entranhas do mal constituía um alerta e uma forma de evitá-lo.

Ao mesmo tempo, convinha dar ao sensacionalismo um toque erudito, e nada melhor do que iniciar o relato do crime buscando na mitologia grega um exemplo da profunda repulsa que ele, supostamente, despertava:

"Horresco referens" (Tremo ao contar) — Essa exclamação de Enéas, em que deixou transparecer toda a sua dor ao encontrar, depois das desgraças de Troia, mortos Laocoonte e seus filhos, trucidados por duas serpentes, esse grito doloroso é o que nos ocorre, no momento de transmitir aos nossos leitores a notícia do monstruoso crime, que parece ter sido praticado nesta capital e que vem de ser descoberto.[61]

Por sua vez, os jornais cariocas deram também ampla cobertura ao crime, associado a seguidos delitos de menor repercussão, como se a capital paulista estivesse à beira do caos. Manchetes do gênero SÃO PAULO TRÁGICO/ ONDA DE CRIMES SE AVOLUMA anunciavam a catástrofe.

A narrativa fantasiosa de Trad sobre o crime deu origem a uma série de boatos alimentada pela imprensa. Segundo *O Commercio de São Paulo*, entre os passageiros do *Cordillère* que desembarcaram no Rio de Janeiro se encontrava um padre "turco" da Igreja Ortodoxa, trajando longas vestes negras, acompanhado de um homem que parecia italiano. O padre, na versão do jornal, era Elias Farhat. Desse modo, segundo a historieta, Elias se livrava de seus problemas financeiros e, como Trad estava no navio, poderia ser acusado de sua morte — uma bela vingança contra quem tentara seduzir sua esposa.[62] Outros boatos localizavam Elias, ao embarcar em diferentes portos do país. Um jornal do Pará, por exemplo, o identificou numa fila de passageiros que, em Belém, entrava num navio cujo destino final era o Oriente Médio. À margem das fantasias, médicos-legistas da polícia carioca examinaram o cadáver do homem encontrado no interior da mala. Ele trajava paletó, colete e calça de casimira escura, com listras amarelas e roxas; ceroula de meia; camisa branca de zefir, de punhos com botões de ouro; colarinho duplo fechado também com botão de ouro; gravata de seda escura, trazendo na algibeira um relógio — ainda uma vez — de ouro, parado às 5h39. Calçava botinas amarelas de botão sobre meias pretas. No dedo anular da mão esquerda, ostentava uma aliança em cujo lado interno estavam gravadas as iniciais C. V. e os números 4-2-99. Dias mais tarde, os irmãos de Elias e Carolina reconheceram as vestes e os objetos. Ela esclareceu que o terno vestido pelo cadáver era o mesmo com o qual saíra de casa na manhã do dia 1º para nunca mais voltar; as iniciais C. V. eram de seu nome de solteira — Carolina Vazzella — e os números correspondiam à data de seu casamento. Os irmãos deram destaque às botinas amarelas, feitas a partir de uma fôrma especial trazida de Paris, encontrada no quarto da vítima. Uma dupla de sapateiros italianos atestou por escrito que, de fato, aquela peça não se encontrava à venda no país.[63]

4 — RUMO A SÃO PAULO. UM "FURO" FRACASSADO

T ão logo receberam informações sobre o crime, as autoridades paulistas, por ordem do secretário da Justiça e da Segurança Pública, Washington Luís, solicitaram a transferência do acusado para São Paulo. Trad foi remetido para a capital paulista pela Central do Brasil, instalado numa cadeira existente no vagão-correio do trem, entre pilhas de cartas e encomendas. Em cada estação onde parava, o comboio era abordado por grupos de sírios raivosos, que queriam localizá-lo. Na estação de Palmeira, alguns homens tentaram quebrar a janela do vagão-correio para atacar Trad — o assassino que, com um ato nefando, manchara o nome da colônia. Um agente de polícia conseguiu finalmente afastar os atacantes, ao explicar que o criminoso ainda estava no Rio de Janeiro, e quem viajava no compartimento postal era um homem atacado de varíola. A ameaça de "contágio" provocou uma debandada geral.

Em São Paulo, o jornal *Tribuna Italiana* afixara nas vidraças da redação um telegrama lacônico vindo do correspondente no Rio de Janeiro: "Trad embarcou manhã". Era a manhã de um dia festivo: 7 de setembro de 1908. A notícia foi transmitida de boca em boca e mais de quinhentas pessoas, inclusive muitos sírios, foram à Estação do Norte para aguardar a chegada do trem. Quase todos pagaram entrada para postar-se na plataforma da estação, ansiando por ver de perto o autor de um crime sensacional. Na plataforma, animadas conversas aproximaram aquela gente. Um industrial sírio dizia que a notícia do jornal italiano era verdadeira e fora confirmada pelo sr. Fuad Bey, cônsul da Turquia em São Paulo. Outras pessoas se divertiam com piadas de gosto duvidoso. Como muitos indagavam se o corpo de Elias vinha no trem, um circunspecto cavalheiro esclareceu: "Vem, sim, e vem preparado em compota".

Ao cair da tarde, por volta das seis horas, a locomotiva do rápido diurno, puxando os vagões, entrou na gare esfumaçada da Estação do Norte. As pessoas começaram a descer, numa confusão de abraços dos parentes; de gente solitária, tratando de se esquivar e atingir a rua; de carregadores puxando nos seus carrinhos pilhas de malas, que tremiam e tratavam de se equilibrar com esforço. Para decepção dos que aguardavam Trad, não se viu sombra dele.

Naquela manhã do dia 7 de setembro, os redatores de *O Commercio de São Paulo* receberam uma informação que talvez fosse verdadeira: o assassino de Elias não iria desembarcar na Estação do Norte. O jornal levou a sério o recado, e dois repórteres foram se postar nas proximidades da Central de Polícia. Vinham acompanhados de um carro de praça para um eventual deslocamento.

Estação do Norte, chegada e partida
dos trens da Central do Brasil, 1912.

Horas se passaram sem que nada de significativo acontecesse. Até que, no meio da tarde, saiu de uma cocheira da re-
partição "um carro de presos, puxado por quatro bestas". Os
jornalistas arrancaram atrás da viatura e, quando ela tomou
o rumo da Penha, tiveram certeza de que a informação fazia sentido. Ultrapassaram a Penha e entraram numa estrada
sem calçamento — a São Paulo-Rio, que margeava a Central do Brasil. Rodaram por um bom tempo, passaram por
pequenas estações de trem até chegar à Quinta Parada, ainda
nos arredores de São Paulo. No local, havia apenas a estação,
um "casebre de pretos", uma casinhola branca de um lado da
estrada e, do outro, um espesso bambuzal. Os jornalistas se
postaram atrás do bambuzal e lá ficaram à espera da chegada

ou da passagem do trem. Passaram-se alguns minutos, quando o silêncio foi quebrado, à distância, por um apito quase indistinto, até que os apitos se tornaram mais constantes e mais nítidos, à medida que o trem se aproximava.

Como se atendesse a um chamado, surgiu da casinhola branca um guarda sonolento, empunhando uma lanterna, e foi postar-se ao lado da linha, como que autorizando a livre passagem do trem, pois nem ele sabia da parada improvisada pela polícia. Daí a instantes, com um entrechocar de ferros, o comboio atravessou a plataforma em marcha vagarosa e subitamente estacou, deixando protegido pela pequena cobertura da estação o segundo carro — o dos Correios — que vinha logo após a locomotiva. Eram, precisamente, seis horas e sete minutos.[64]

Michel Trad desceu do vagão-correio, sob um inesperado aguaceiro, cercado de policiais. Na descrição de *O Commercio de São Paulo*, o assassino era um homem jovem, encorpado, ostentando um pequeno bigode preto sobre o lábio superior e uma barba curta. Trajava o mesmo terno de casimira azul-marinho com listras roxas que envergara a bordo do *Cordillère*, camisa com colarinho Santos Dumont sem gravata e chapéu preto.[65] Essa era uma rara descrição da figura de Trad, muito abatido e com roupas desalinhadas. Sua elegância não resistira às muitas horas sem dormir, quase sem comer e mal acomodado no vagão-correio do trem.

Ele entrou no carro de presos sem entender muito bem o que acontecia. As quatro bestas, incitadas pelo chicote e pelos gritos do condutor, movimentaram o veículo rumo a São Paulo. Atrás dele, seguia um táxi que levava a mala sinistra encaixotada, trazendo no seu interior o corpo de Elias em decomposição. Na entrada da cidade, formou-se um cortejo de tílburis e carros, todos a caminho do necrotério da polícia, que ficava próximo da rua Vinte e Cinco de Março.

Na edição do dia seguinte, *O Commercio de São Paulo* vangloriou-se do "furo" que realizara. Na verdade, não era bem um furo, porque, junto com os policiais, assistira à cena um repórter enviado pelo *Correio Paulistano*. De sua parte, as autoridades se sentiram aliviadas. O desembarque na Quinta Parada fora tranquilo, o que certamente não ocorreria se o acusado descesse do trem na apinhada Estação do Norte, quem sabe provocando tumulto.

Nos primeiros dias após o crime, os jornais fervilharam com notícias e observações desencontradas. Houve até — afirmou o *Correio Paulistano* — um circunspecto vespertino que lançou mão de uma suposta correlação entre raça e nacionalidade e os meios empregados na execução dos crimes de morte. A partir dessa "teoria", o vespertino, cujo nome não era mencionado, chegara à conclusão de que Elias Farhat fora degolado porque "a educação, as tradições e o regresso atávico dos turcos indicam esse processo de morte, legal ou criminosa". Felizmente — prosseguiu o jornal — o caso era sem dúvida de estrangulamento, e assim eram falsas as alegações preconceituosas que criavam animosidade na população contra a colônia síria.[66] Como órgão oficial do PRP, o *Correio Paulistano* expressava a posição majoritária da elite política de São Paulo, que procurava integrar os imigrantes estrangeiros à sociedade, ressalvados os elementos defensores de "ideias exóticas", como era o caso dos anarquistas. As restrições aos imigrantes ficavam por conta dos opositores do PRP, como se viu com maior clareza a partir de 1926, quando foi criado o Partido Democrático, tendo como ícone o conselheiro Antônio Prado.

5 — TRAD E CAROLINA: CARTAS DE AMOR?

Por suas características macabras — não era todo dia que se encontrava o cadáver em decomposição de um homem bem-vestido, no tombadilho de um navio —; por dar margem a dúvidas sobre a identidade do cadáver; pela personalidade de Trad, muito distante do estereótipo de um delinquente vulgar; por sugerir um amor alucinado levado às últimas consequências, o crime da mala sinistra, como a princípio foi chamado, sacudiu a cidade de São Paulo.

No começo das investigações, ninguém tinha dúvida de que Michel Trad praticara o crime. Só a polícia suspeitava da conduta de Carolina. De qualquer forma, para ouvi-la no inquérito policial, o delegado de polícia João Batista de Souza a tratou "com toda a deferência devida a uma senhora". Ele foi de automóvel até a casa da jovem viúva e a trouxe à delegacia, em companhia da mãe. Diante do delegado, Carolina respondeu a um longo interrogatório, "com a firmeza sincera de quem estava falando a verdade", na expressão do *Correio Paulistano*.

A certa altura, a jovem viúva traçou um quadro de suas relações com o marido, do qual se deduz que Elias tinha por ela um grande afeto, a cercava de confortos materiais, mas era assaltado por um terrível ciúme, que a diferença de idades incentivava. Segundo Carolina, o ciúme levara Elias a evitar visitas frequentes ou recepções em sua casa, embora morassem numa encantadora vivenda da rua Vinte e Cinco de Março. Ela se adaptara àquela situação de quase reclusa, pois nunca saía de casa sem que fosse conduzida pelo braço do marido.

Quando indagada se a causa do crime seria um amor contrariado ou, especificamente, uma paixão secreta vivida por Michel Trad, respondeu que não acreditava nisso, porque esse moço, ao passar algumas vezes por sua residência, nem sequer volvia um olhar para as escadas que conduziam ao pavimento superior onde ela vivia.

O interrogatório começara por volta das nove horas da noite do dia 7 de setembro, e se prolongara até as duas da madrugada do dia seguinte. A essa altura, o delegado resolveu interromper as perguntas e convenceu Carolina a dormir na delegacia pelo resto da noite, mesmo porque lá fora o tempo estava ruim e uma garoa fria caía nas ruas desertas do centro. Mãe e filha foram acomodadas num quarto de hóspedes. De manhã, Carolina completou as declarações, sem acrescentar nada de significativo, e foi para a casa de seu padrasto, Menotti Monte, que a abrigara após a tragédia.

Na noite do mesmo dia (8 de setembro), o delegado mandou chamar Carolina. Naquele momento, a polícia já tinha obtido dados significativos a respeito dos contatos entre Carolina e Michel. Não era certo que ambos mal se conheciam. Em depoimentos no inquérito policial, testemunhas afirmaram que, de vez em quando, Elias levava a mulher para jantar em algum restaurante do centro da cidade e estendia o convite a Michel.

Além disso, ao examinar um álbum de cartões-postais endereçados à jovem viúva, um irmão de Elias identificou em vários deles uma caligrafia semelhante à de Trad. Num dos cartões, o remetente se referia à maestria com que Carolina tocava *harmonium*, e expressava sua alegria por poder ouvi-la. Finalmente, a polícia localizou, num dos quartos da rua Boa Vista, duas cartas, escritas em um francês com falhas, enviadas por Carolina a Michel. O papel utilizado tinha o timbre de um hotel de Santos — o Hotel Internacional, situado na praia de José Menino. A primeira carta, com data de 13 de julho, era assinada por C. F. e a outra, por "Madame Dart" — anagrama invertido do sobrenome "Trad". Nessa primeira carta, Carolina agradece a Michel por ter ouvido suas queixas como se fosse um irmão. Fala da alegria que sentiu ao saber que suas mágoas tiveram tanta acolhida e não foram tomadas como o delírio de uma louca. Ela não culpa Elias pelas agruras que vinha sofrendo, e atribui sua infelicidade à chegada da família do marido a São Paulo. A partir daí, teriam começado as intrigas armadas por seu cunhado Joseph, a tal ponto que pensava em suicidar-se, chegando a encarar a morte, em certos momentos, como uma libertação. Nas palavras de Carolina, "eles não me viam com bons olhos: era uma italiana, uma estranha que se introduzira na sua família. Lastimavam o dinheiro que Elias gastava comigo, criticavam a minha vida íntima e, pouco a pouco, começaram a intrigar-me com meu marido, movendo-me uma guerra encarniçada".[67]

Como poderia ela recuperar a felicidade de outros tempos? Isso dependia de duas coisas bem difíceis: Deus lhe dar um filho, que passaria a ser a razão de sua vida, ou que Joseph partisse de São Paulo para sempre.

Na segunda carta, escrita poucos dias antes da morte de Elias, Carolina muda inteiramente de rumo. Agradece a amabilidade das cartas de Trad, chamando-o de "caro senhor", com um esclarecimento adicional: "permita-me que sempre vos chame assim". Afirma que tudo tinha mudado, terminando com uma frase incisiva: "Estou curada e agora aviso-o de que também sou muito feliz". A reviravolta se devia ao fato de que, segundo ela, se abrira com seu marido, e lhe expusera a razão de suas constantes lágrimas. Elias a ouvira com respeito e garantira que daí por diante jamais admitiria que sua família se envolvesse nas relações entre os dois. O fecho da carta não expressava afeto, e se situava nos limites da formalidade: "Queira receber os meus mais sinceros agradecimentos pela vossa amabilidade". Mas, ao assinar essa segunda carta em tom de distanciamento e despedida, Carolina assinara "Madame Dart", numa alusão, no plano da fantasia, de que ela seria esposa de Michel Trad. Quanto a este, a segunda carta reforçava a convicção de que a única alternativa possível para se vingar de Elias e ter

Carolina em seus braços consistia na eliminação do marido. Tanto ao depor no processo quanto em seu diário, Trad tratou de arrasar a figura de seu antigo patrão. Prova disso é a observação ferina do diário que faria na prisão: *"Quel est le syrien qui aimait Farhat? Il n'était aimé par personne, au contraire on le detestait comme une chose vile"* [Qual era o sírio que gostava de Farhat? Ninguém gostava dele, pelo contrário, era detestado como uma coisa vil]. Em outras palavras, fosse quem fosse o autor do crime, a vítima não valia grande coisa.

De sua parte, constatada a aproximação entre Carolina e Elias, o delegado João Batista de Souza chegou à conclusão de que, se Carolina fosse confrontada com Trad, ele poderia assumir sozinho a autoria do crime, livrando a viúva das suspeitas que se acumulavam contra ela. Nas suas palavras,

a senhora lhe dirá que deve dizer a verdade para inocentá-la. Acrescentará que o silêncio que ele mantém produzirá sua desgraça: que se acha presa há muitos dias, sofrendo, sofrendo muito e que já não pode resistir a tamanha tortura. Convencê-lo-á de que a polícia está segura da sua cumplicidade no delito e que a sua liberdade depende tão somente de ele dizer a verdade.[68]

A princípio muito relutante, Carolina acabou aceitando a acareação. Apesar de seus apelos para que Trad esclarecesse o que se passara, ele continuou a insistir em sua inocência. O delegado chegou à conclusão de que esse caminho era inútil, e deu por encerrada a conversa. Mas, quando Trad era recolhido de volta a uma cela da delegacia, pediu que o autorizassem a falar a sós com Carolina. A autoridade policial resolveu consentir no pedido, na esperança de que algo pudesse resultar desse novo tête-à-tête. Deu-lhes cinco minutos de prazo, e mandou plantar quatro soldados da Força Pública na sala, esclarecendo que não haveria quebra da privacidade, pois, como falariam em francês, eles não seriam entendidos por alguns soldados boçais.

Nunca se soube o conteúdo dessa conversa, mas ela resultou na confissão de Trad, com abundância de detalhes. Sim, ele preparara sozinho a morte de Elias; sim, ele o estrangulara em seu escritório, enviara a mala com o cadáver para Santos e a embarcara no *Cordillère*. Tudo teria dado certo, não fosse um imperdoável descuido. Se tivesse mandado soldar a caixa de zinco, como em princípio pretendia, nenhum cheiro emanado do cadáver putrefato se espalharia pelo tombadilho do navio.

Porém, Trad recusou-se a revelar as razões de seu ato, dizendo que já facilitara o trabalho da polícia ao confessar o crime, e nunca desvendaria fatos pertencentes a sua vida privada. Para ele, a recusa era uma questão de honra e, quem sabe, a melhor alternativa para preservar Carolina. Seja como for, essa atitude abriu espaço para que novelas e outros escritos ficcionais pudessem se valer da imaginação para atribuir as mais diversas razões ao crime praticado por Michel Trad.

A tendência foi atribuir a Carolina e Michel um tresloucado amor, que não se detinha diante de nada e cujo mais sério obstáculo era Elias. Em outro registro, silenciar a motivação permitia a Trad realizar algo afinado com sua personalidade narcisista — termo não utilizado na época —, que o impelia a permanecer na ribalta o maior tempo possível enquanto as especulações proliferavam.

Charge da conversa entre Trad e Carolina.
O Commercio de São Paulo, 11 de setembro
de 1908.

A conversa entre Carolina e Michel suscitou ataques da imprensa à ingenuidade da polícia. *O Commercio de São Paulo* criticou a incompreensível submissão das autoridades aos interesses de um criminoso. Afinal de contas, ele conseguira ter um colóquio reservado com a esposa da vítima, diante de quatro soldados boçais que não entendiam uma palavra de francês e não tinham, portanto, a possibilidade de apreender algo do conteúdo da conversa. Ou, num toque de ironia, o jornal perguntava: será que a missão militar francesa, que estava em São Paulo em treinamento da Força Pública, teria tido um papel civilizador tão relevante, a ponto de ensinar à tropa a língua falada pela elite brasileira?[69]

Por sua vez, as cartas trocadas entre Michel e Carolina deram origem a muitas controvérsias. Vigiada por um marido ciumento, cercada de pessoas estranhas que muitas vezes se expressavam em uma língua que não entendia, e lhe lançavam acusações, Carolina teria encontrado em Michel um ombro amigo, disposto a ouvir suas queixas. Ela hesitava entre a amizade de alguém que considerava como irmão protetor e a atração que tinha por ele. Quando seu marido passou a levar em conta suas reclamações, optou pelo mais seguro e escreveu a carta de recuo. Quanto a Michel, a carta deflagrou o ódio acumulado contra quem detestava e, ainda mais, frustrara sua aventura amorosa.

6 — PERIPÉCIAS JUDICIAIS. PRECONCEITOS E SIMPATIAS

Para o delegado João Batista de Souza, responsável pelo inquérito, após constatar os contatos e a troca de cartas, ficara evidente que Carolina só na aparência era uma esposa recatada: na verdade, ela era coautora de um crime escabroso. O delegado pediu sua prisão preventiva e a justificou com estas palavras: "D. Carolina Farhat teve com Michel Trad colóquios amorosos e troca de cartas que, entre senhora casada e moço solteiro, nos termos em que são escritas, não deixam dúvidas a respeito das relações entre os dois". O juiz Adolfo Mello deferiu o pedido, e Carolina se viu obrigada a comparecer à Central de Polícia, acompanhada da mãe, onde ficou detida.

No dia seguinte à prisão de Carolina, 10 de setembro de 1908, um habeas corpus em seu favor foi impetrado no Tribunal de Justiça de São Paulo, por um advogado pouco conhecido. Rapidamente, membros influentes da colônia italiana saíram em busca de um advogado de maior peso. Eles encarregaram os diretores do *Fanfulla* — o mais importante jornal da colônia — de entrar em contato com um conhecido advogado, o dr. Alfredo Pujol, em seu escritório, na rua Quinze de Novembro.[70]

A propósito, é significativo assinalar a atuação de advogados prestigiosos, ou que iriam ganhar essa qualificação ao longo de suas carreiras, tanto no caso da Galeria de Cristal como nos crimes da mala, em especial no primeiro. Além de Pujol, aparecem nomes como os do jurista Herculano de Freitas, catedrático da Faculdade de Direito, ministro da Justiça no governo Hermes da Fonseca e ministro do Supremo Tribunal Federal; Spencer Vampré, político e também catedrático da Faculdade do Largo São Francisco; Antônio Augusto Covello, político e sobretudo grande tribuno do júri. Provavelmente, esses advogados não tiveram o interesse pecuniário como motivação principal, mas foram atraídos pela importância dos crimes e, pelo menos em uma situação, pelo desejo de patrocinar a defesa de uma pessoa inocente, como ocorreu com o dr. Alfredo Pujol, no habeas corpus em favor de Carolina Farhat.

Desde as primeiras horas da manhã do dia 14 de setembro, um grande número de pessoas se aglomerou diante do fórum da rua do Riachuelo. As autoridades policiais mandaram para o local 34 praças da Força Pública, entre infantes e cavalarianos, que fizeram um cordão de isolamento da praça da Sé à rua Santa Teresa, nas imediações da praça.

Por volta das oito horas, um carro de praça levou Carolina, sempre acompanhada da mãe, da delegacia central de polícia ao fórum. Mãe e filha entraram no prédio e foram acomodadas numa sala contígua à das sessões. Um funcionário da Justiça ofereceu à jovem viúva um canapé, e ela aí se conservou até o início do julgamento.

No começo da tarde, o espaço reservado à assistência estava lotado de jornalistas, estudantes, profissionais liberais e três alunas da Faculdade de Direito, que se destacavam como exceção naquele ambiente masculino. Como salientou *O Estado de S. Paulo*, após a solene entrada dos ministros, todos os olhos se fixaram numa porta lateral, de onde surgiram duas mulheres, vestidas de luto rigoroso. A primeira era uma senhora idosa, robusta, de fisionomia resignada e simpática — Lucia Monti, mãe de Carolina; a outra era a própria Carolina, formosa, mas pálida, lívida, desfeita, cambaleante, como se fosse cair sem o apoio de um braço maternal.

Na descrição da cena, o jornal mesclou sentimentos de sofrimento, de piedade, de amor materno e filial que, por si sós, demonstravam a inocência da paciente: "A impressão da assistência é profundamente dolorosa, e se já anteriormente d. Carolina tinha por si, instintivamente, pode dizer-se, todos os corações que ali palpitavam de fervorosa simpatia, daquele momento em diante, o instinto converteu-se em convicção inabalável e em ninguém ficou a mais leve sombra de dúvida a respeito". E mais: "Se lhe fosse necessário conquistar renitentes espectadores a sua causa, essa conquista estava feita pela sua dilacerante presença de mágoa e de sofredora. É enorme a comoção".[71]

Na sequência, Carolina sentou-se no banco dos réus, sempre ao lado da mãe. *O Estado de S. Paulo* narrou a cena com toques românticos, combinando a fragilidade feminina com a proteção maternal: "O dr. Xavier de Toledo diz-lhe delicadamente que se levante e delicadamente lhe pergunta como se chama e qual o seu estado. E ela responde, com voz modesta, tímida, apagada, que dificilmente se ouve: 'Carolina Farhat, vinte e três anos, viúva'. E senta-se, lacrimosa, reclinando a cabeça no seio da mãe".

As informações prestadas pelo juiz Adolfo Mello, justificando o decreto de prisão preventiva, tem ressonâncias que, guardadas as diferenças, soam familiares nos dias de hoje. Diz ele que "o indiciado não deve ser presumido inocente nem culpado: ele é o que é; um indiciado sobre o qual, as mais das vezes, a convicção da sua criminalidade se manifesta no momento do crime e, grau por grau, à medida que corre o processo de instrução". Em seguida, o magistrado cita dois criminalistas italianos, Garofalo e Carcelli, afirmando que a prisão preventiva não é apenas uma necessidade social, mas um ato de justiça, justificado quando, em um crime grave, há receio de destruição de provas, de suborno de testemunhas e peritos, ou ameaça de perturbação à ordem pública.

Quando o advogado Alfredo Pujol tomou a palavra, para surpresa da assistência, ele não entrou diretamente na análise do processo. Aproveitou a ocasião para retrucar um artigo do *Correio Paulistano* que o chamara de "advogado interessado" na defesa de Carolina. Indignado, ele disse querer deixar bem claro que não receberia "um só ceitil" por seu trabalho, pois "se rios de dinheiro já tinham passado por suas mãos, em causas célebres, agora seu único interesse era a restauração da justiça".[72]

Depois do desabafo, o dr. Pujol entrou no conteúdo da defesa, atacando a polícia, responsável, segundo ele, por uma série de ilegalidades. Entre elas, apontou a violação de correspondência privada, ainda que seu objetivo fosse provar a autoria de um crime. "Quem devia estar aqui, no banco dos réus", disse ele, "era o delegado de polícia que pediu a prisão preventiva." Mas como as cartas tinham sido abertas e consideradas indevidamente como provas de um delito, Pujol passou a examinar seu conteúdo, afirmando que elas só poderiam ser consideradas incriminadoras como resultado de uma tradução desastrada. O canhestro tradutor Eugène Hollender, embora sendo juramentado, não era versado nem em português e, surpreendentemente, nem em francês, apesar de sua origem. Por exemplo, ele traduzira a expressão final *"bien à vous"*, na primeira carta, dando-lhe um sentido de intimidade que não correspondia ao da língua original. Assim, o *"bien à vous"* se tornara "bem vossa" na tradução da primeira carta. Para provar sua afirmação, o advogado Pujol leu trechos de um manual de "savoir-vivre", escrito por uma dama da "alta aristocracia francesa", que demonstrava serem aquelas expressões indicadoras de simples cortesia e não de relações íntimas. Na discussão sobre o sentido das palavras escritas em francês, o dr. Pujol navegava em águas tranquilas. Seu pai, de origem francesa, chamava-se Hippolyte Gustave Pujol e era, além de educador, um conhecido tradutor em São Paulo.

O advogado solicitou aos ministros que considerassem a situação de sua cliente — uma jovem e inocente viúva que, de uma hora para outra, fora transformada em adúltera e assassina, a ponto de nutrir ideias de suicídio. Terminou, num lance final arrebatador:

Mas, senhores, asilada sob o manto sagrado da justiça, que vós representais, e, mais ainda, entregue desde este instante ao patrocínio do coração de todas as mulheres paulistas, eu espero que essa estranha justiça, inconcebível e misteriosa, não vá de forma alguma ferir ainda mais o coração magoado de uma mulher, que, à dor tremenda da perda de seu marido, junta agora a vergonha oficial do adultério que lhe foi assacado pelas autoridades do estado de São Paulo.

A peroração do dr. Pujol foi acolhida por palmas calorosas. Nesse final, ele dera ao caso individual de Carolina uma dimensão coletiva que ressoava favoravelmente na opinião pública: Carolina, jovem viúva, injustamente acusada, não era uma mulher insignificante, pois contava com um trunfo valioso: o "patrocínio do coração das mulheres paulistas". Ao mesmo tempo, o advogado fugia aos fechos corriqueiros de tantos e tantos discursos proferidos diante do Tribunal do Júri, ao não tecer as loas costumeiras à Justiça. Ao contrário, fazia restrições a essa estranha, inconcebível e misteriosa senhora, como que a alertá-la para que não errasse, e viesse assim agravar a infelicidade de uma mulher inocente.

Por último, falou o procurador-geral do estado, apontando a existência de fortes indícios que justificavam a prisão preventiva. Entre eles, a visita de Michel a Carolina, quando Elias já fora morto, testemunhada por três senhoras sírias; o comparecimento de Carolina à polícia, a pedido de Michel, tão logo ele foi detido; a conversa que os dois tiveram, sussurrando palavras em francês, num clima de franca intimidade; e, finalmente, o teor das cartas que trocaram. O procurador insistiu em lembrar como surgira a troca das cartas, que não eram fraternas, mas sim, no mínimo, os primórdios de uma relação amorosa. Assinalou que, como confessara a paciente depois de muitas reticências, em julho do corrente ano (1908) ela se encontrava em Santos, em companhia do marido, "para uso de banhos", quando ali chegou Trad, que se hospedou no hotel onde estavam, na praia de José Menino. Uma oportunidade de aproximação entre Trad e Carolina se abriu, pintada com traços sedutores pelo procurador-geral do estado. Certo dia, Elias teve de ir a São Paulo e ela ficou sozinha. Era uma manhã clara, de céu aberto, de um sol prazeroso, quando Trad convidou Carolina a dar um passeio na praia. A jovem aceitou o convite e puseram-se a conversar como bons amigos. Ela lhe expôs sua triste situação, vigiada por um marido ciumento e por seus parentes intrigantes. Trad, como se sabe, lhe disse palavras de conforto, animando-a muito. Ao endossar sem muita ênfase o decreto de prisão preventiva, o procurador-geral do estado lembrou que a prisão preventiva era medida excepcional, mas cabível no caso em exame.

O habeas corpus foi acolhido por unanimidade. No seu voto, o ministro Xavier de Toledo referiu-se às cartas trocadas entre Carolina e Michel, e disse que elas podiam até revelar relações amorosas, mas daí não era possível inferir que Carolina, de algum modo, tivesse participado do crime.

Por sua vez, o ministro Cunha Canto concentrou suas censuras no delegado que solicitou a prisão preventiva e, sobretudo, no magistrado que a acolheu: "Compreende-se que a autoridade policial se apaixone e erre na apreciação dos fatos, deixando-se arrastar por presunções menos legítimas; o juiz, porém, não deve estar sujeito a estas causas de erro, perturbadoras da justiça".[73] Outros ministros insistiram na desvalia das cartas como prova, pois sua leitura resultava de um ato ilícito — a violação da correspondência. Houve também, entre os ministros, quem afirmasse que o delegado se deixara impressionar pelo conteúdo moral das cartas, confundindo dois planos distintos: o plano da moral e o plano do direito. Em resumo, os ministros do Tribunal de Justiça concederam o habeas corpus com base na ausência de fundamento jurídico para a prisão preventiva da paciente. Ela cometera leviandades incompatíveis com o comportamento de uma mulher casada, mas esse aspecto era irrelevante, considerada a inexistência de indícios de prova de sua participação no crime.

Carolina foi libertada logo após a decisão. Quando ela entrou às pressas num carro de praça, acompanhada da mãe e de seus advogados, foi muito aplaudida por uma "pequena multidão" que se reunira diante do fórum. A "pequena multidão" formou um cortejo que percorreu as ruas do centro, lançando vivas a Carolina e ao Tribunal de Justiça. Dias mais tarde, quando ela mandou rezar missa em memória de Elias, a igreja da Sé ficou lotada. Lá estiveram não só membros da colônia síria como curiosos que subiam nos assentos para contemplar melhor a figura da jovem viúva.[74]

Os principais jornais de São Paulo deram grande destaque ao episódio da prisão preventiva, seguido do habeas corpus concedido a Carolina Farhat. Como era previsível, o *Correio Paulistano* defendeu a ação da polícia e, ao mesmo tempo, tratou de demolir a figura da jovem viúva. No entender do jornal, diante dos indícios acumulados em todo o episódio, a autoridade agira com a necessária e imprescindível prudência. Nada havia, portanto, que merecesse censura em seu equilibrado procedimento. Já Carolina, mesmo que não fosse provada sua participação na morte do marido, revelava nas cartas "a leviandade com que uma mulher casada expande os seus mais secretos pensares a um homem que, se era amigo íntimo de seu marido, não passava de um estranho, de um quase desconhecido para ela. Até certo ponto, as cruéis provações por que está passando, dado que se prove sua inocência, são o justo castigo de sua irrefletida conduta".[75] Ou seja, a decretação de uma prisão preventiva, tendo como alvo uma mulher inocente, se justificaria como punição por um comportamento moral censurável que precisava ser condenado pela parte sã da sociedade.

Já *O Estado de S. Paulo* saudou a decisão do Tribunal de Justiça como exemplo de que a nossa magistratura não merecia as críticas vindas do exterior. Essa observação é um exemplo da importância que o jornal por muitos anos atribuiu ao mundo europeu e norte-americano, a ponto de só reproduzir notícias do exterior em sua primeira página. De fato, ponderou o matutino,

não há nada que tanto mal faça aos nossos créditos de povo civilizado, e que tanto e tão frequentemente embarace a natural expansão das nossas forças econômicas, como a crença, que lá fora se espalhou e se enraizou, de que o Brasil é uma terra em que não há justiça. Para o estrangeiro, com raríssimas exceções, no Brasil, o lugar da justiça está ocupado, na esfera civil, pela corrupção e a venalidade, e na esfera criminal pelo arbítrio e a subserviência.[76]

Como explicar a simpatia e, mais do que isso, o carinho que Carolina despertou na opinião pública? Afinal, ela mentira sobre suas relações com Michel Trad, como comprovavam passeios em Santos, os cartões-postais e as cartas que trocaram. Mas os traços folhetinescos da história deixaram em segundo plano os pontos fracos da narrativa. Vista com outros olhos, Carolina era a jovem vítima de um marido tirano, vários anos mais velho que ela. Sofria ainda o assédio de uma parentela odiosa que falava uma língua incompreensível e a detestava. Para os sírios — ou pelo menos para a família de Elias —, Carolina não passava de uma caçadora de dotes, uma italianinha pobre que ousara penetrar no círculo bem guardado da colônia. Assim, ganhou consistência, aos olhos do público, sua figura de jovem honesta, desamparada, vítima do marido e de seus parentes. Sob esse aspecto, ela estava, como mulher, em condições muito melhores do que Albertina Barbosa, mesmo assim absolvida, após a série de julgamentos, no crime da Galeria de Cristal.

Do ponto de vista social, é sugestivo especular que a corrente em favor de Carolina refletia, respectivamente, imagens positivas e negativas das comunidades italiana e síria, na cidade de São Paulo, projetadas na esfera familiar.

Embora o preconceito contra os italianos pelos antigos habitantes da cidade não tivesse cessado nos primeiros anos do século xx, aos poucos ia perdendo força. Os peninsulares não se caracterizavam como uma etnia marcadamente endógena e, além disso, por seu número e por sua diversidade profissional, tinham convertido São Paulo numa "cidade italiana".[77]

Em contraste com os italianos, os sírios e os libaneses apresentavam o maior número proporcional de casamentos endógenos entre todas as etnias imigrantes, à exceção dos japoneses e dos judeus, sendo que estes se sujeitavam a interditos com fundamento religioso. Mas os japoneses estavam desembarcando em uma primeira leva em 1908; e os judeus só começariam a vir para o Brasil, em grande número, a partir da década de 1920. Além disso, sírios, libaneses e judeus eram as chamadas etnias comerciantes, que, pelo contato pessoal com os clientes, pelo gosto da pechincha, ganharam fama de espertos e obcecados por dinheiro.

7 — O DIÁRIO DE TRAD

Tão logo teve notícias da polícia do Rio de Janeiro sobre Trad e o cadáver na mala, o secretário Washington Luís interessou-se em acompanhar de perto as diligências sobre o caso. Quando Trad já se encontrava preso em São Paulo, ele foi várias vezes à cadeia para tentar conseguir esclarecimentos sobre os motivos do crime. Não é demais pensar também que Washington Luís, interessado no tema do combate à criminalidade, quisesse conhecer de perto um criminoso cujo perfil fugia ao padrão da massa de presidiários.

Numa de suas visitas, Trad pediu ao futuro presidente da República um maço de papel e uma caneta para escrever sobre sua vida e seu infortúnio. A solicitação foi atendida e, mais ainda, ele obteve um pequeno gabinete onde, com sossego, poderia redigir seus escritos. Embora a veracidade das visitas fosse contestada nos círculos do governo, *O Estado de S. Paulo* relatou uma delas, com abundância de detalhes, na edição do dia 12 de setembro. Trad teria solicitado livros de direito e Washington Luís perguntara se ele pretendia tornar-se advogado. O acusado dissera que não, mas que desejava preparar sua defesa, pois se sentia abandonado por todos.[78]

O primeiro dos escritos de Trad foi um breve diário redigido em francês, intitulado "Mon Journal", em que ele faz reflexões sobre os acontecimentos do dia em que embarcou com a mala fatídica no *Cordillère* até os primeiros dias na ca-

O jornal *O Commercio de São Paulo* de 19 de setembro de 1908 ironiza as boas condições de trabalho de Trad na cadeia. Os delinquentes que querem entrar no seu gabinete são: Mussolino, célebre bandido calabrês, Rocca e Carletto, protagonistas do chamado crime da rua da Carioca, ocorrido no Rio de Janeiro em 1906.

deia pública de São Paulo. No texto, ele ironiza os diferentes personagens que aparecem à sua volta, e fala do propósito de readquirir forças, comendo, "para meu regalo", pão, queijo e banana. Refere-se também à conversa de duas senhoras, quem sabe influenciadas por Lombroso, que, examinando um retrato, falavam da "cara de assassino" do matador. Só que, como outros passageiros lhes fizeram ver, o retrato não era dele, Trad, e sim de Elias Farhat.

Em vários parágrafos do diário, Trad preocupa-se com a situação de Mme. Farhat, que fora presa como implicada na morte do marido, apesar de nada existir contra ela. Num trecho interrogativo, em que faz alusão a uma doença incurável de Elias, sem identificá-la, ele pergunta:

Pode ser suspeitada uma mulher que ama seu marido, com um amor tão desinteressado, que tem vivido sete anos com ele uma vida dura e encerrada; que tem suportado, durante sete anos, digo eu, o caráter grosseiro de um homem sem educação; uma mulher, enfim, que tem atravessado os mais belos anos de sua existência presa e tratando da doença incurável de um homem, pode esta mulher ser suspeitada de ter auxiliado a matar esse homem?

Desde os primeiros dias na prisão, Trad preocupou-se em investigar as causas dos crimes, e a melhor maneira de se encaminhar a regeneração de delinquentes. Escrevia sempre na terceira pessoa, como se o tema nada tivesse a ver com sua história, e aludia aos grandes delitos sob a perspectiva de um moralista, desejoso de promover o saneamento da sociedade. Ele nunca demonstrou a menor simpatia pela massa carcerária, da qual procurava manter distância, considerando-se um personagem muito superior a essa malta.

Mas talvez esse não fosse o caso dos autores do crime da Galeria de Cristal — Albertina e Eliziário —, com quem Trad teria conversado longamente quando os três se encontraram na cadeia pública. Nesse encontro, Albertina teria feito elogios à inteligência de Trad e sua capacidade de articular a própria defesa. Entretanto, nas páginas de *O Commercio de São Paulo*, surgiu um veemente desmentido de Albertina, por via de pessoa tida como das mais confiáveis, no qual ela afirmava que tudo não passava de uma irresponsável fantasia. O desmentido pode ou não ser verdadeiro, mas, de qualquer forma, histórias de contatos com Trad seriam prejudiciais à sua defesa.[79] Ao constatar a multiplicação de delitos em muitas partes do mundo, Trad elegeu a imprensa como principal responsável pelo fenômeno. Por publicar e destacar notícias de crimes, dizia ele, os jornais provocam o aumento da criminalidade, de tal forma que a imprensa tinha uma participação moral em todos os crimes da terra. A forma de atalhar esse mal consistiria em "limitar a liberdade de imprensa, proibir os jornais de inserir pormenores dos crimes, proibir os juízes de instrução de revelarem a quem quer que seja particularidades sobre os crimes cujos processos lhes estejam afetos". Pior ainda, "quando se trata de grandes delitos, para os quais se faz maior publicidade e que ficam impunes, encoraja-se o homem a ponto de tornar-se delinquente". Em resumo, o jornalismo seria o maior mal do século.

O "Mon Journal" acabou tendo muito pouco de um diário íntimo. Depois de assumir a responsabilidade pelo crime durante a acareação com Carolina, Trad cedeu à tentação de ver seu texto impresso num conceituado jornal paulistano — *O Estado de S. Paulo* —, ainda que os escritos pudessem prejudicar sua defesa

A publicação do diário provocou críticas de *O Commercio de São Paulo*, na sua edição do dia seguinte:

Como um fino jato de água fria, que passasse enregelando tudo e todos, passou ontem o "Diário" de Trad, divulgado por uma folha da manhã. Nos cafés, nos lares, nas ruas não se falava noutra coisa. E, realmente o "jornal" do famigerado assassino, pelo cinismo frio das confissões que encerra, pela petulância insólita da linguagem galhofeira, pelo seu caráter, enfim, de completo ineditismo, merece bem o grau de notoriedade a que atingiu.

Prosseguiu o jornal, demonstrando sua preocupação com a decadência dos princípios sadios vigentes na sociedade:

> É lamentável que o público acolhesse com tanta vivacidade — e por que não dizê-lo — com quase simpatia, essas páginas dissolventes do bandido, e é mais lamentável ainda que as autoridades tivessem permitido a publicação desses escritos. Eu receio que o júri de São Paulo não saiba infligir a punição de que ele necessita. Ultimamente, tem decaído tanto em nossa terra o critério, a noção do dever e da justiça, que não seria para admirar se Trad não recebesse a pena que ele mesmo espera para seu crime.[80]

8 — TRAD DOMINA A CENA

Após Carolina ter se tornado apenas uma testemunha no processo judicial, Trad passou a concentrar todas as atenções e a publicar seus textos. No mesmo dia do oferecimento da denúncia contra ele, o *Correio Paulistano*, numa de suas páginas de anunciantes, em que se ofereciam trabalhos de ourivesaria, a venda de vacas nacionais no bairro da Lapa, os serviços de advogados com endereço no centro da cidade, e se anunciavam espetáculos como a apresentação de uma companhia espanhola de zarzuelas ou de uma companhia alemã de ópera, destacava-se um anúncio em caixa-alta:

O CRIME DA MALA/
OU UM CRIMINOSO INOCENTE/POR MICHEL TRAD

Sensacionais revelações — Mistério desvendado — A verdadeira confissão — O motivo do crime — A mais completa e verdadeira narração do crime.

Leiam, leiam.

O mais sensacional romance: ilustração da sociedade. Cenas empolgantes, feéricas, dramáticas, trágicas e emocionantes.

Leiam, leiam.

Cada capítulo levará capa ilustrada a cores.

Pedidos e encomendas da Capital e do Interior J. Becerre, Editora — Caixa do Correio 691 — São Paulo.[81]

O primeiro julgamento de Trad começou em 18 de março de 1909, e prolongou-se pela noite adentro até a manhã do dia seguinte. O espetáculo despertou enorme curiosidade não só da população em geral, como de figuras políticas e membros do Judiciário. Foram distribuídas setecentas senhas para quem, não sendo autoridade, quisesse assistir ao julgamento. Segundo os jornais, muita gente obteve senhas para vender, quando estivessem esgotadas. Outros — nessa São Paulo que mesmo na região central ainda guardava aspectos rurais — entraram no fórum esgueirando-se, nos fundos, por uma chácara pertencente à baronesa de Limeira.[82] O desfecho do caso era previsível, mas muitos queriam ver aquele jovem versado em línguas, bem-apessoado, que escrevia com apuro e, ao mesmo tempo, era autor de um crime bárbaro, contrariando frontalmente as teorias lombrosianas.

As autoridades trataram de evitar manifestações contrárias a Trad que estariam sendo preparadas pela colônia síria. Repetiram-se com algum reforço as medidas tomadas quando do habeas corpus impetrado em favor de Carolina. Desde cedo, praças da Força Pública postaram-se nas dependências do fórum; a rua do Riachuelo ficou fechada ao trânsito, e as vias principais do centro foram guardadas por infantes e cavalarianos. Muita gente foi à sacada de seus sobrados, nas ruas por onde se presumia que Trad iria passar. Houve um momento de expectativa quando, na esquina da rua Cristóvão Colombo com a Riachuelo, parecia surgir o carro de presos. Mas a expectativa logo se desfez. Quem se aproximava era um açougueiro italiano, Felipe Nicodemo, autorizado a transitar pelas ruas por conduzir um veículo repleto de carnes frescas, proveniente do matadouro.

Na sala do júri, destacava-se a presença do procurador--geral do estado, de juízes das varas cíveis e comerciais, de deputados e senadores estaduais, de jornalistas de São Paulo, de cidades do interior e do Rio de Janeiro. Trad chegara ao fórum pouco antes das oito horas da manhã, em carro de presos, vigiado por vários agentes de polícia. Barba bem--feita, cabelo penteado com esmero, vestia com rigoroso apuro um terno de casimira de cor azul-ferrete, gravata de seda da mesma cor, colarinho Santos Dumont.[83] Desde o sumário de culpa ele usara essa indumentária, mas agora acrescentara um toque de elegância nos pés, ao trocar borzeguins amarelos por botinas bem engraxadas, de pelica preta. Sua fisionomia aparentava calma e ele enfrentava os olhares do público com indiferença. Segundo os jornais, sua aparência era a de um homem são e forte, parecendo não ter estranhado a vida de reclusão na cadeia.

Horas depois da chegada de Trad, vieram o juiz-presidente Luiz Ayres e o promotor Adalberto Garcia. Em seguida, desceu esbaforido de um tílburi o dr. Fernandes Coelho, advogado do réu, receando que o julgamento já tivesse começado. O ilustre defensor vinha acompanhado de um carregador, que com muito esforço equilibrava um baú sobre a cabeça. No mesmo instante, apareceram dois juízes que vinham assistir ao julgamento. Um deles, numa demonstração de que um caso terrível como o crime da mala não excluía brincadeiras, disse ao outro: "Será que o Fernandes Coelho traz nesse baú o Elias Farhat?".[84] Mas não era "o Elias Farhat", eram os livros de direito que o conhecido advogado costumava trazer para impressionar a assistência e, principalmente, os membros do júri.

O relógio da igreja de São Francisco acabara de bater uma hora da tarde, quando o porteiro do júri anunciou: "A Justiça autora! Réu preso: Michel Selim Trad!". Após as formalidades preliminares, o juiz-presidente Luiz Ayres passou ao interrogatório do réu. Era de praxe que, após as perguntas sobre sua qualificação, os réus deixassem outras respostas a cargo de seus advogados. Mas Trad não se resignaria a exercer um papel secundário num momento tão relevante. Quando perguntado se tinha fatos a alegar ou provas que justificassem sua inocência, respondeu: "Sim, reclamo a entrega dos papéis que ofereci no sumário de culpa, e protesto contra a decisão do juiz que presidiu o sumário, por não mandar juntá-los aos autos. Contesto também a parte da denúncia em que se diz que eu era protegido de Elias Farhat".[85] Esclareceu que fizera mais favores a Farhat do que Farhat a ele, pois o ajudara como guarda-livros e, logo após seu desaparecimento, pagara ao Banco Alemão uma letra de câmbio de sua responsabilidade.

Depois, contou novamente a história dos dois misteriosos italianos que haviam cometido o crime. Mas ele não confessara perante as autoridades policiais? Sim, mas a confissão não era verdadeira. Tinha sido extraída após horas e horas sem comer, sem dormir, e fora redigida pelo delegado de polícia. Para não se alongar nesse ponto, remetia a uma exposição por escrito que fizera, constante dos autos do processo. Pediu ainda para ler o laudo pericial do cadáver de Elias, passou os olhos pelos escabrosos detalhes e partiu para outra indagação: onde estava a carta que dirigira ao secretário da Justiça, esclarecendo o sentido dos manuscritos que lhe mandara anteriormente? Essa carta continha o último vaivém de Trad, no tocante à confissão do crime. Na carta, ele retificava o que dissera e escrevera, ao confessar a autoria do crime. Segundo ele, a história dos italianos era a verdadeira. Ao incriminar-se, cedera ao prazer de elaborar um relato ficcional, mesmo sabendo os riscos dessa alternativa.

Trad falou por duas horas. Fez então uma pausa e ponderou, irônico, que não pretendia se estender em suas considerações. Deixava outros esclarecimentos a cargo de seus advogados, pois, como falara em português — língua que ainda não dominava inteiramente —, se cansara do redobrado esforço.

Entrou em cena o promotor Adalberto Garcia. As provas contra Michel Trad eram contundentes e ele se sentia à vontade para desfazer as alegações dos brilhantes advogados do acusado, inclusive no tocante à confissão. Esta fora obtida sem violência, e confirmada pelo réu no "Diário" escrito por sua livre iniciativa, pois ele próprio pedira pena e papel para escrever.

Mas, questionou o promotor, como explicar as razões que levaram um jovem com futuro promissor a cometer um crime terrível cuja vítima era seu amigo e protetor? Amigo e protetor sim, porque Elias confiava em Trad, a ponto de escrever cartas de apresentação elogiosas para que ele pudesse comprar mercadorias luxuosas em Paris. Além disso, várias vezes Elias lhe sugerira, quando retornara à Síria, que voltasse para o Brasil, onde as portas de seu estabelecimento comercial lhe estariam sempre abertas.

Deixando de lado eventuais motivações amorosas, o promotor preferiu atribuir o delito à perversidade inata ou adquirida de Trad. A última teria nascido nos grandes centros de civilização por onde Trad costumava passar, e fora incentivada pela leitura de romances, jornais e revistas sobre crimes famosos, como aqueles encontrados em seu quarto. Era comum, na época, assinalar os males de certas leituras, com efeitos diversos para o gênero das pessoas. No contexto masculino, a literatura de ficção incentivava a agressividade, que muitas vezes acabava desembocando na perversidade social. Quanto às mulheres, a leitura de romances conduzia as jovens ao bovarismo, às fantasias perigosas, como acontecera com *Madame Bovary*, no romance de Flaubert.

Vez por outra, cenas inusitadas se intercalavam à longa batalha do julgamento. A certa altura, o promotor interrompeu sua fala, quando tratava de demonstrar, com apoio em um punhado de tratadistas, que a asfixia de uma vítima por estrangulamento não produzia nenhum ruído capaz de despertar a atenção de vizinhos. A sala ficou em silêncio por alguns segundos. Em seguida, como um professor que admoesta alunos distraídos, o promotor dirigiu-se aos jurados, pedindo-lhes a máxima atenção, "pois não tinha a honra de ser ouvido por todos os presentes". A alusão tinha como alvo o dr. Fernandes Coelho e colegas seus, que se punham a rir cada vez que o promotor citava algum tratadista de nome bizarro para reforçar suas afirmações.

A fala do promotor durou cerca de cinco horas. Eram três e meia da manhã quando o dr. Fernandes Coelho, monarquista liberal e abolicionista, que iria atuar também no crime da Galeria de Cristal, assomou à tribuna em nome da defesa. Ele denotava alguma irritação com a fala exorbitante de seu cliente, que lhe roubara o protagonismo na cena do júri. Logo se recompôs, e tomou a trilha da crítica aos processos criminais, ao insistir na má qualidade dos sumários de culpa, sempre cheios de imprecisões e lacunas que resultavam na tendência dos conselhos de sentença a quase sempre absolver os réus. Afirmou ainda que o caso presente não fugia à regra, o que explicava a longa acusação do promotor, na tentativa de salvar algo que não poderia ser salvo.

Ele, o promotor, baseara-se num processo malfeito, imprestável, porque, vivendo nós em uma República que imita todos os dias os Estados Unidos da América do Norte, esqueceram-se de que lá se recomenda ao acusado que não fale, que não se comprometa. Mas aqui, neste processo, desde a polícia até o tribunal, não se cansaram de tratar de arrancar uma confissão do acusado, querendo intrigá-lo até com seu próprio advogado.

Além das falhas de procedimento, prosseguiu o dr. Fernandes Coelho, armava-se naquela sala um erro judiciário em que se pretendia condenar seu cliente por matar um homem que não tinha morrido. Nesse ponto, ele assumiu a historieta narrada por Trad, acrescentando alguns ingredientes. Elias Farhat não era um exemplo de comerciante honesto. Pelo contrário, fora condenado pela Justiça Federal por colocar selos falsos nos calçados que vendia, e estava à beira da falência, decretada poucos dias após seu desaparecimento. Arranjara-se então com os italianos falsários que lhe vendiam os tais selos para que arrumassem um cadáver com alguma semelhança com ele, e assim desaparecera de cena. O advogado aproveitou o momento em que todos os olhares estavam voltados para ele e, como fiel monarquista, passou a criticar a desilusão provocada pela República, mesmo entre antigos republicanos: "É este o espetáculo que nos oferece um regime democrático, em que se nos prometia liberdade completa, mas em que só vemos o poder absoluto erguido sobre tudo e sobre todos".[86]

Depois da réplica da promotoria aos argumentos da defesa e da tréplica desta, em plena madrugada, o presidente do Conselho de Sentença leu a resposta aos quesitos formulados pelo juiz-presidente. Michel Trad foi condenado a 25 anos e seis meses de prisão celular, por maioria de dez votos, reconhecidas as agravantes de premeditação, motivo reprovado, superioridade de forças, abuso de confiança, surpresa e traição. A pena só não alcançou a máxima de trinta anos prevista no Código Penal porque os jurados reconheceram a atenuante de comportamento exemplar do réu, em sua vida anterior à prática do crime. O dr. Fernandes Coelho não saiu inteiramente derrotado. O caso era dos mais complicados, a historieta dos misteriosos falsários italianos, difícil de engolir, as dúvidas acerca da identidade do cadáver, muito frágeis, e mesmo assim tinham impressionado dois jurados, a ponto de eles votarem pela absolvição de seu cliente. Agora restava seguir em frente. Ainda na sala de sessões, o advogado protestou por novo júri, com fundamento na extensão da pena.

Depois, respondendo a uma observação do jornalista sobre o fato de que muitos haviam notado um riso disfarçado durante a fala do promotor público, ele disse que não exibira riso algum:

Eu ri? Ri internamente, é claro, porque respeito os tribunais, e estava diante de um juiz merecedor de admiração. Mas o caso era para rir, imagine um acusador que fala oito horas a fio, e lendo quase tudo! Eu falei duas horas e de cor, sem me valer de livro algum. Achei muito curioso que estranhassem o meu procedimento, não produzindo toda a minha defesa. Mas é claro que se eu pudesse fazer isso, não teria necessidade de contratar um advogado.

Trad investiu a seguir contra o promotor, tratando de mostrar-se um homem de ideias liberais. Como o dr. Adalberto Garcia dissera que, se houvesse pena de morte no Brasil, certamente pediria sua aplicação no presente caso, ele declarou:

O que mais me espantou foi o ponto em que o promotor disse merecer eu a pena de morte. Que homem perverso! Entretanto, ele disse no júri que eu é que sou perverso pelo fato de ter lido tais e tais livros, por ser instruído, como está no processo. Fiquei surpreendido. Imagine que horror! Pena de morte! Julguei extraordinário o procedimento do promotor. Na Europa, em todos os países, até na Turquia, onde reina um regime tirânico, o promotor público é apenas um encarregado de zelar pela justiça e não um acusador particular.[87]

Cerca de seis meses decorreram entre o primeiro e o segundo julgamento, realizado a 22 de agosto de 1909. A curiosidade do público não arrefecera. A sala de sessões do júri ficou lotada, e os debates que tiveram início por volta do meio-dia seguiram por toda a tarde e pela noite adentro até as primeiras horas da manhã. Algum conforto foi proporcionado ao promotor e ao juiz-presidente. Ambos obtiveram a regalia de poder descansar numa *chaise longue* que lhes foi oferecida para os intervalos do julgamento. Além disso, à hora do jantar, enquanto o réu teve de se contentar com um modesto sanduíche, promotor e juiz, assim como os jurados, receberam um lauto jantar da Rotisserie Sportsman — um dos restaurantes mais afamados da cidade.

Mas trabalhou-se seriamente. No interrogatório, Trad negou mais uma vez, agora em poucas palavras, a autoria do crime. Insistiu na fábula dos italianos, e disse que suas declarações negativas mais inquestionáveis eram as enunciadas no Rio de Janeiro, onde falara livre de qualquer coação. A primeira oração do promotor Adalberto Garcia concentrou-se em demonstrar que Trad não era um jovem impetuoso que se deixara arrastar momentaneamente por um ato tresloucado, mas um criminoso com traços quase profissionais, a ponto de premeditar toda a sequência do crime, cujo episódio final seria a profanação e a ocultação do cadáver.

Por sua vez, a defesa — a cargo mais uma vez do advogado Fernandes Coelho — deixou em segundo plano a fábula dos italianos, e concentrou-se na afirmação de que o cadáver sem bigodes, acondicionado na mala, não era o de Elias Farhat — uma pessoa que sempre ostentara volumosos e espessos bigodes. Na sua réplica, o promotor conseguiu demonstrar que o calor e a umidade tinham destacado, pouco a pouco, os pelos do bigode que adornavam o rosto de Elias, como aliás acontecera com as sobrancelhas, e a alegação da defesa caiu por terra.

Quando às cinco horas da manhã de 23 de agosto de 1909 o presidente do Tribunal anunciou o veredicto, não houve surpresa. Foi mantida a condenação de Michel Trad a 25 anos e seis meses de prisão celular. Uma apelação ao Tribunal de Justiça, oferecida pelos advogados Castro Cobra e Herculano de Freitas, não logrou êxito e a sentença contra o "homem da mala" transitou em julgado.[88]

9—UMA LONGA PRISÃO. LIVRE, MAS VIGIADO

Trad não esmoreceu. Passados alguns anos, em agosto de 1915 requereu a revisão do processo. Alegou que as provas apresentadas contra ele não passavam de indícios e que, além do mais, tinha excelente procedimento na prisão, a ponto de exercer influência benéfica entre seus infelizes companheiros. Mas o recurso não foi acolhido e ele teve de conformar-se ao cumprimento de uma longa pena.[89]

O tempo correu, passaram-se mais de nove anos, quando em janeiro de 1924 faleceu o industrial Nami Jafet, ícone da colônia síria, que fora síndico da falência de Elias Farhat. Os jornais descreveram minuciosamente as exéquias realizadas na catedral ortodoxa de São Paulo, e publicaram também a lista dos telegramas enviados à família, vindos do Brasil, da Síria e da França. Na lista de centenas de nomes, figurava o de Michel Trad, que, da cadeia pública, lamentava a morte de seu ilustre patrício. Esse comportamento de Trad, considerando-se um homem que contava entre os sírios e libaneses, vinha de longe. Um mês após o crime da mala, o então acusado, que se encontrava preso, fez uma doação de valor acima da média (dez mil-réis) a uma família, presumivelmente síria, cuja casa fora invadida por um grupo de compatriotas que deixara uma morte e vários feridos.[90] Naquele mesmo ano de 1924, em 5 de julho, estourou em São Paulo a revolução tenentista. Os revolucionários, que não passavam de bandidos para o *Correio Paulistano*, ocuparam a cidade e decidiram soltar das cadeias todos os presos, encarados como vítimas de um governo opressivo. Trad aproveitou a oportunidade para dar uma volta, depois de tantos anos de confinamento. Mas não optou por fugir. O cálculo era certo: ele já cumprira muitos anos de prisão, tinha esperanças de ser solto legalmente e, além disso, os revolucionários acabariam sendo derrotados. Acompanhado pelo advogado Spencer Vampré, voltou à cadeia, tido como um prisioneiro não apenas culto, mas também respeitador da lei e da ordem.

Quando, em 1925, Trad escreveu o livro *As evasões célebres da cadeia de São Paulo*, além de um relato novelesco de fugas da prisão, analisou a seu modo a psicologia dos presos e o fracasso do sistema penitenciário. Sob o título "Livros Novos", o jornal *A Gazeta* publicou, a respeito, uma resenha bastante favorável. Considerou que grandes autores se dedicaram ao tema do ambiente tétrico das prisões, e Michel Trad soubera explorar o assunto com perícia e talento. Curiosamente, não há, na resenha, nenhuma referência ao fato de que ele ainda estava preso.[91]

Cerca de três meses depois, o jornal anunciou um novo livro de Trad, intitulado *Os dois doutores*, esclarecendo que ele relata "episódios passados nesta capital e alhures, nos quais têm parte saliente duas figuras hoje em evidência na colônia síria local". Aparentemente, o livro nunca foi publicado. Nos primeiros meses de 1927, após cumprir cerca de dezoito anos de prisão, Trad foi posto em liberdade condicional. Apesar dos longos anos de cadeia, ele conservara alguns traços fisionômicos de outrora. Mas já não era o rapaz cheio de ambições que se apaixonara por Carolina, a ponto de não hesitar em planejar e realizar a morte de seu marido. Era, sim, um homem de 41 anos que ganhou a liberdade para viver numa cidade em muitos aspectos desconhecida. Tentou abrir um escritório de representação comercial, mas acabou tomando outro caminho.

Em setembro daquele ano, Trad foi preso numa rua do centro de São Paulo por investigadores de polícia que seguiam seus passos. Em um dos bolsos de sua calça, os investigadores encontraram uma pequena quantidade de cocaína. O jornal *A Gazeta* publicou uma longa reportagem ilustrada, com o título de "Do caráter depravado de Michel Trad". Começou lamentando que esse homem, que alcançara a simpatia geral, e tivera comportamento irrepreensível na cadeia, acabasse descambando para o crime, depois de ganhar um bom dinheiro com a venda dos seus livros.

Após a prisão de Trad, ainda segundo *A Gazeta*, os investigadores foram a sua casa, e aí encontraram cem gramas de cocaína e sal amargo, que ele misturava à droga para enganar os viciados. Mais ainda, localizaram uma lista com nomes de prostitutas a quem vendia cartões-postais contendo "a mais imunda pornografia". Em seu quarto, sobre um criado-mudo, uma foto acendeu a imaginação de muita gente. A retratada era uma jovem, quase menina, que pessoas de certa idade diziam assemelhar-se à jovem Carolina Farhat de outros tempos.[92]

A polícia abriu um inquérito em que Trad foi indiciado e permaneceu preso, pois um habeas corpus impetrado em seu favor não teve êxito. Encaminhado o inquérito ao Ministério da Justiça, nos últimos meses de 1927, Michel Trad acabou expulso do Brasil, seu país de adoção forçada, em que vivera mais anos na prisão do que em liberdade. Alguns jornais descreveram em poucas linhas sua partida de Santos para a Síria, em janeiro de 1929, sem mencionar sequer o nome do navio. Ele embarcara em condições muito diferentes da viagem de mais de vinte anos antes, em que ia acompanhado da mala sinistra. Já não sentia o frisson causado pela expectativa de completar com êxito o último lance do assassinato de Elias Farhat. Também não viajava espontaneamente, mas em consequência de uma decisão burocrática que forçara sua partida. Ao subir no navio, levava nas mãos uma valise e tinha a compensação de não precisar preocupar-se com ela. Porém, Trad não era homem de entregar-se à solidão. Depois de ser posto em liberdade, conheceu uma compatriota, Rosa Dabour, em cuja casa foi morar. Logo, uma relação íntima estabeleceu-se entre os dois. Quando Trad foi preso pela posse de entorpecentes, o dr. Juvenal Piza, encarregado do caso, encontrou em seu poder fotografias da companheira "em posições imoralíssimas". Companheira, sim, porque ao embarcar para a Síria lá estava ela ao lado de Trad. Os dois estavam longe, em Beirute, ou quem sabe em Paris, quando um personagem de menor calibre cometeu o segundo crime da mala, em outubro de 1928.

10—O SEGUNDO CRIME DA MALA

E m vinte anos, entre 1908 e 1928, São Paulo se transformara. A cidade tinha agora cerca de 900 mil habitantes e logo chegaria ao almejado milhão. No centro, o Edifício Martinelli acabara de ser construído, e seria por muito tempo o prédio mais alto da cidade. O Triângulo ainda concentrava as mais importantes casas comerciais e bancos, mas o centro estava se expandindo: atravessava o viaduto de Chá, a praça Ramos de Azevedo, onde o Teatro Municipal se destacava como marco de entretenimento da elite, e seguia rumo à rua Barão de Itapetininga, que ia se transformando em via comercial. Fatos sociais e políticos de grande consequência logo marcariam a vida da população. Ao longo de poucos anos, iriam enfileirar-se as preocupações com a crise de 1929, os comícios pró-Getúlio Vargas que antecederam a revolução de 1930, a euforia seguida de abatimento pela eclosão e derrota na "guerra paulista" de 1932.

Apesar do crescimento e da diversificação da vida social de São Paulo, um crime insólito como o praticado por Giuseppe Pistone, assassino de sua mulher, despertaria grande interesse e uma ampla cobertura dos jornais. Entretanto, os detalhes processuais significativos haviam desaparecido. Já não se descrevia a chegada de funcionários e autoridades ao fórum, nem parte dos longos debates da promotoria e da defesa. Também as autoridades não pensariam em fechar várias ruas do centro, com o risco de provocar congestionamentos, nem seria possível imaginar que as pessoas saíssem em passeata para comemorar decisões judiciais, como acontecera em 1908, após a concessão do habeas corpus em favor da jovem Carolina. Ainda assim, o interesse pelas sessões mais dramáticas do júri se mantinha. Milhares de pessoas lotaram a sala do Palácio da Justiça e os arredores do palácio onde os julgamentos de Pistone foram realizados.

A história do segundo crime da mala começou a ser desenhada a bordo do *Giulio Cesare*, um navio de carreira que partira da Itália, rumo à Argentina, em dezembro de 1926. Nele viajavam, sem se conhecer, Giuseppe Pistone e Maria Mercedes Féa, que ia se encontrar com sua família, residente em Buenos Aires. Pistone nascera em 1897, em Canelli, pequena cidade do norte da Itália, famosa pela fabricação de espumantes. Seus pais eram gente de recursos como agricultores vinhateiros. Ele participara da Primeira Guerra Mundial e, quando o conflito teve fim, sentiu-se livre para tentar a sorte do outro lado do Atlântico, tanto mais que os anos de pós-guerra foram marcados na Itália por uma intensa agitação social. Ele passou alguns anos na Argentina e regressou a seu país, onde foi receber uma herança em dinheiro pela morte do pai. Mas não ficou muito tempo na Itália, optando por voltar ao Prata naquele dezembro de 1926.

Giuseppe Pistone e Maria Féa em 1925: elegância no traje.

Maria nascera também, por coincidência, em Canelli, mas era menina quando sua família se mudou para Turim. Tinha dezenove anos e viajava sozinha, na terceira classe. Giuseppe viu a moça e admirou seu ar gracioso, os olhos claros, o corpo delicado. Ao conversar com ela, admirou-a mais ainda. Por sua vez, embora Giuseppe não tivesse muitos atrativos físicos — era franzino e a calvície já avançava em sua cabeça —, Maria gostou de seus modos e principalmente de sua fala sedutora.

Quando o navio fez escala em Barcelona, ele pagou a diferença de passagem para que ela subisse à segunda classe. Insistiu em dizer que agia por simpatia, e durante toda a viagem dormiram em camarotes separados. O fato de Maria viajar como uma imigrante pobre na terceira classe desperta estranheza. Há indícios de que ela pertencia a uma família de classe média, com requintes de boa educação. Seu pai falecera em 1920 e, cinco anos depois, a mãe, Victoria Lazzarini, decidira emigrar para a Argentina em companhia de um dos filhos, Giuseppe, doravante chamado de José para evitar confusão com Pistone. Muito jovem, Maria permanecera na Itália, em companhia de Esther, irmã mais velha, que era cantora lírica e começava uma carreira no ambiente musical de Turim. Por sua vez, Maria viria a trilhar caminhos semelhantes aos da irmã, dedicando-se ao piano, que, mais tarde, iria garantir parte de seu sustento em Buenos Aires.

A mãe de Maria e o irmão a esperavam quando o *Giulio Cesare* atracou no porto de Buenos Aires. Pistone seguiu para Mar del Plata, onde dizia ter negócios, e, na expectativa de um possível reencontro, trocou endereços com a companheira de viagem. Meses depois, Pistone foi a Buenos Aires em busca da jovem. Os dois começaram um namoro que não era visto com bons olhos pela mãe da moça. De fato, Giuseppe não era propriamente um imigrante devotado ao trabalho, destoando, nesse sentido, dos traços da maioria dos imigrantes. Ele se considerava esperto o bastante para saltar etapas, mesmo que fosse por caminhos perigosos. Anos antes, em sua primeira permanência na Argentina, tinha sido processado e preso, acusado de estelionato, fato certamente ignorado pela família de Maria. Mas, gostassem ou não seus familiares, ao namoro seguiu-se o casamento, realizado em fevereiro de 1928. Em seguida, o casal viajou para a Itália, onde foi conhecer os parentes de Giuseppe.

Numa fotografia tirada a bordo, Giuseppe e Maria parecem muito felizes no convés do *Conte Biancamano*, um navio de passageiros que fazia a linha Itália-Argentina, com escalas no Brasil. Apoiada na amurada do navio, Maria tem o cabelo cortado *à la garçonne* e uma bandana em torno da cabeça. Traz um casaco escuro no braço direito, veste blusa e cardigã claro, saia plissada até o joelho, meias brancas cobrindo-lhe as pernas finas. Giuseppe está de perfil, olhando

Pistone e Maria Féa em viagem à Itália.

para Maria. Traja terno escuro, usa um chapéu claro e calça botinas pretas, além da gravata-borboleta que ostenta em outras fotografias.

O casal ficou alguns meses na Itália e regressou a Buenos Aires em julho de 1928. Sua permanência ali durou pouco. Em agosto daquele ano, os dois embarcaram para São Paulo, no vapor *Alianza*, e aportaram em Santos. Subiram a serra, pediram indicação de onde ficar e se hospedaram no Hotel d'Oeste — o mesmo em que, mais de vinte anos antes, Elias Farhat, Carolina e Trad jantavam uma vez ou outra.

Pistone buscou contato com alguns compatriotas e veio a conhecer Francesco Pistone, seu presumível parente, nascido também em Canelli. Francesco era dono de um armazém de secos e molhados no bairro de Santa Cecília, rua da Conceição, batizado com um nome sugestivo: Casa Canelli. Ele acolheu o casal com carinho, empregou Giuseppe no armazém, e os orientou no sentido de que economizassem e fugissem das diárias caras de um hotel. Fez mais e lhes indicou um quarto confortável que estava para alugar num prédio de apartamentos recém-construído, na mesma rua da Conceição.

A essa altura, os recursos da herança de Giuseppe estavam quase esgotados, seu salário era modesto, mas ele podia ainda contar com remessas da mãe, enviadas da Itália.

Grávida e preocupada com os gastos do marido, Maria convenceu-o a irem depositar nas mãos do comerciante a quantia de 15 mil liras, como uma espécie de reserva. Ao fazerem o depósito, ela constatou que a quantia era menor e atribuiu ao marido esse deslize. Além disso, dois dias antes de ser morta, Maria começara a escrever uma carta à sogra, na qual dizia duvidar de que ele ainda tivesse recursos da herança de seu pai na Itália e solicitava que ela interrompesse as remessas de dinheiro ao marido, pois, infelizmente, ele não se comportava como uma pessoa que merecesse confiança. A carta foi parar nas mãos de Giuseppe, que, furioso, disse à mulher precisar do dinheiro porque Francesco lhe propusera sociedade para expandir o armazém de secos e molhados. Mas, em depoimento prestado em juízo, Francesco não faz nenhuma referência a essa proposta, e mais: alude a Giuseppe como um homem de procedimento irregular porque, entre outras coisas, deixava de comparecer por vários dias ao emprego, sem dar satisfação.

No dia 4 de outubro daquele ano de 1928, uma quinta-feira, Pistone saiu do emprego por volta das 11h15 e se dirigiu ao quarto alugado, para convidar Maria a ir almoçar num pequeno restaurante das imediações, como faziam de quando em quando. Maria Sitrangulo, zeladora do imóvel, ouviu o bater da porta do apartamento e, em seguida, uma discussão entremeada de gritos. Depois, os gritos deram lugar a sons abafados e, por fim, ao silêncio: Pistone estrangulara Maria, apertando-lhe a garganta, e a asfixiara com uma toalha. A zeladora não estranhou os gritos seguidos do silêncio porque eles tinham se tornado comuns nos últimos tempos, e ela decidiu não se meter em briga de casal, como a prudência recomendava.

Quanto a Pistone, segundo declarou mais tarde, o ato que cometera, apesar de justificável, o deixou desesperado. Vagou por muito tempo pelas ruas da cidade, pensou em entregar-se à polícia e resolveu afinal suicidar-se, mas lhe faltou coragem. Em vez de tentar pôr fim à vida, preferiu salvar a pele.

No dia seguinte ao crime, sexta-feira, foi a uma casa de malas da antiga rua São João, agora avenida — a mesma via pública em que Michel Trad encomendara uma caixa de zinco para proteger sua mala —, e comprou um baú na loja de um italiano, Domingos Mascigrande, além de um maço de cordas. Depois da entrega da mercadoria em seu quarto por um carroceiro, dedicou-se a uma tarefa macabra. Seccionou o corpo já rígido de Maria com uma navalha, na altura dos joelhos, e quebrou seu pescoço, para poder encaixá-la no baú. Na manhã de sábado, providenciou o envio da pesada peça para Santos, sem acompanhá-la, e desceu a serra pelo trem noturno. Retirou o baú da estação ferroviária do Valongo no domingo, e conseguiu colocá-lo num caminhão, junto com várias malas encaminhadas ao vapor *Massilia*, com destino à França. Nas proximidades do cais, foi a uma agência de viagens. Pediu uma etiqueta, que preencheu com o nome de um falso destinatário: FERRARO, FRANCESCO — BORDEAUX. Apesar do cheiro insuportável que se desprendia do interior do baú, tudo corria bem, pois era comum que os passageiros da terceira classe embarcassem com toda sorte de comestíveis para presentear amigos e parentes do outro lado do Atlântico.

O vapor *Massilia*.

Entretanto, quando o volume estava sendo içado com destino ao porão, as coisas desandaram. O baú, suspenso no ar, retornou ao solo porque o imediato da embarcação resolveu inspecionar o volume malcheiroso, antes que ele se misturasse às outras malas dos passageiros. Mas, em entrevista ao jornal *A Noite*, o marinheiro Flowy Delphonse, que acompanhava de perto o embarque, contou outra história. Segundo ele, uma das lingadas de um feixe de malas se rompera no ar, e o baú, desequilibrado, despencara com estrondo no porão do navio. O fato poderia parecer um incidente sem importância, mas não para um marujo experimentado que viu na ocorrência um sinal de mau agouro.[93]

Numa versão, o baú deslizara do alto até chegar ao solo; na outra, ele caíra em voo livre e se estatelara no porão. Seja como for, daí em diante as versões passaram a coincidir. Colocado no cais, o baú continuava trancado e notou-se que, de uma de suas juntas, escorria um líquido escuro. Um carpinteiro da companhia de navegação pôs fim ao mistério, ao romper a fechadura da peça: lá dentro não se encontravam animais mortos, queijos ou salames, mas o corpo em decomposição de uma mulher jovem que, àquela altura, não era possível identificar. Remexido o interior do baú, policiais constataram que Pistone acomodara o corpo com almofadas e roupas para evitar o balanço durante o transporte. Tentando amenizar o cheiro fétido que se desprendia do baú, ele incluíra entre os pertences caixinhas de pó de arroz Coty e um vidro de perfume. Havia também outras peças e objetos no interior do volume, como se Pistone quisesse preparar com cuidado uma viagem de Maria para outras terras. Entre eles, um elegante chapéu com a inscrição CAMILLE GEORGE, RUE DE LA PAIX 31 — PARIS, um vidro de pastilhas para a garganta e um missal impresso em italiano. Além disso, o desastrado Pistone colocara sobre o corpo de sua mulher uma camiseta rasgada na altura do peito. O pedaço de tecido foi encontrado, mais tarde, numa cesta de lixo no quarto do casal, e nele havia um monograma elucidativo, com as iniciais "M. F.".

Pistone olhou à distância a cena da abertura da mala, que comprometia seus planos, e tratou de afastar-se. Desse modo, ele não chegou a ver as primeiras diligências policiais: o interrogatório dos passageiros com destino a Bordeaux, o dos quarenta húngaros, embarcados na terceira classe em Santos, e o de um grupo de romenos, tidos como suspeitos, porque haviam ajudado o assassino no transporte do baú.

Ele pernoitou na cidade e, na segunda-feira, voltou de táxi a São Paulo, evitando tomar um trem. Foi em busca de um comerciante judeu de móveis usados, Max Tablow, descrito mais tarde na imprensa como "um russo baixinho, gordo, com um defeito na vista", estabelecido na rua Santa Efigênia, a quem vendeu a mobília do casal. Na pressa, esquecera-se de um detalhe. Nas gavetas de um guarda-roupa, ele deixara a navalha com que seccionara o corpo de sua mulher, encontrada dias mais tarde pela polícia.

Como os vizinhos estranhassem a saída dos móveis, Pistone explicou-lhes que Maria caíra doente, decidira abrigar-se provisoriamente na casa de amigos, e logo eles mudariam para uma casa na Barra Funda. A história era meio estranha e, quando os jornais publicaram em primeira página a notícia do crime, com fotos dos protagonistas, Maria Sitrangulo reconheceu o casal e foi à polícia, acompanhada do marido. Pistone acabou sendo preso na casa de um amigo que lhe sugerira entregar-se.[94]

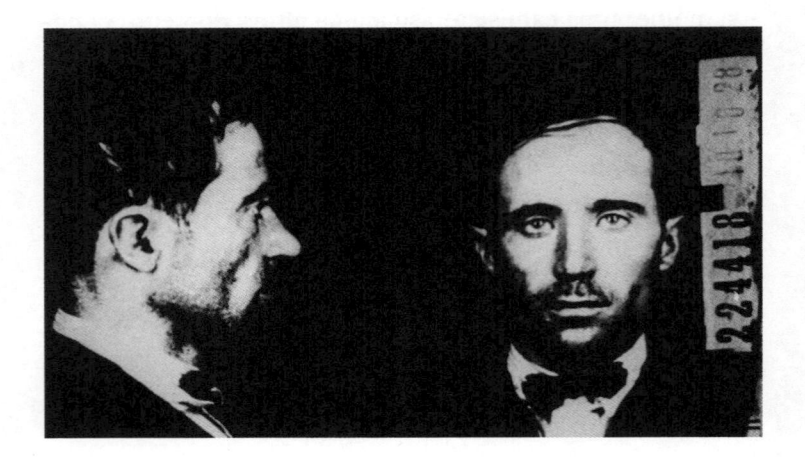

Ficha policial de Pistone, 1928.

O segundo crime da mala ganhou grande destaque nas reportagens dos jornais de São Paulo e do Rio de Janeiro. Mas houve diferenças entre eles. *O Estado de S. Paulo*, por exemplo, publicou minuciosas reportagens sobre o fato, mas não admitiu que ele "poluísse" sua primeira página. Em contraste, o *Diário Nacional*, órgão do Partido Democrático, afim ao *Estadão*, abriu manchetes no seu frontispício para contar a história do crime e seus desdobramentos. O jornal fazia cerrada oposição ao Partido Republicano Paulista e combatia o fascismo de Mussolini, assim como os fascistas da colônia italiana. Não era, pois, acidental que, entre os vícios de caráter de Pistone, o jornal tenha arrolado a circunstância de que o criminoso seria um ardoroso fascista. O maior destaque do noticiário coube a *A Noite*, do Rio de Janeiro, que em dias seguidos reservou toda a sua primeira página, em que se incluíam fotos e ilustrações, para um acontecimento ocorrido em São Paulo, chegando a enviar um repórter a Buenos Aires para melhor conhecer os antecedentes do fato.

O crime de 1928 trouxe à tona os episódios do primeiro crime da mala, cometido quase vinte anos antes. Os jornais se esmeraram em estabelecer semelhanças e diferenças entre os dois delitos, não só no plano dos fatos materiais, como da emoção que tomara conta da cidade de São Paulo.

Em suas primeiras declarações, entremeadas de períodos de calma e crises nervosas, Pistone tentou justificar-se com uma história fantasiosa, mas menos fantasiosa que a de Michel Trad, acerca dos dois misteriosos italianos. Segundo contou, no dia do crime saiu mais cedo do armazém de secos e molhados, para ir almoçar em casa. Ao entrar no prédio em que morava, tomou o elevador, desceu no terceiro andar

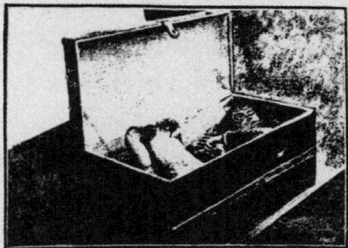

Notícia do segundo crime da mala,
Folha da Manhã, 9 de outubro de 1928.

e, ao caminhar pelo corredor, esbarrou num homem corpulento, que trazia um chapéu de palheta nas mãos. Achou o homem estranho, apressou o passo e, quando entrou no apartamento, surpreendeu a mulher seminua, na cama desfeita do casal. Uma centelha de desespero quase lhe escureceu a visão e, sem saber o que fazia, agarrou o pescoço de Maria, começou a apertar com muita raiva e, sem pensar, acabou por asfixiá-la.

Dias depois, Pistone acrescentou mais um toque de pimenta nessa história, ao dizer que desconfiava havia algum tempo do procedimento da mulher. Ela teria chegado a tal ponto na sua desonra que passara a frequentar os rendez-vous existentes no largo do Arouche. Apesar dessa história nada verossímil, pelo sim pelo não, alguns inspetores de polícia foram encarregados de fazer uma verificação. Eles percorreram os locais mencionados e exibiram às prostitutas uma fotografia de Maria, sem nenhum resultado: ninguém a conhecia.

Em fins de outubro, os irmãos da vítima vieram a São Paulo para uma acareação com Pistone. A cena do encontro foi dramática e, no primeiro contato, o irmão de Maria precisou ser contido, ao arremeter contra o assassino. Esther, sua irmã, que se reunira à família em Buenos Aires, contou à polícia que Pistone gastara todo o dinheiro enviado da Itália para o casamento, e fora seu irmão José quem se prontificara a cobrir as despesas. Além disso, quando o casal decidiu viajar à Itália, Pistone se recusara a embarcar na terceira classe. Tinha sido ela quem dera um jeito, conseguindo bilhetes para a segunda classe, com um desconto substancial concedido pelas companhias de navegação italianas aos artistas da península.[95]

Embora fosse previsível a condenação de Pistone a uma longa pena, o processo criminal não foi despido de interesse. O réu foi defendido tenazmente por uma série de advogados, apesar de ter empobrecido a ponto de não poder pagar as despesas do processo. Um deles — o dr. Moraes Sarmento — conseguiu suspender a exibição de um filme lançado nos cinemas de São Paulo, um mês após o crime, sob a alegação de que ele acirraria as pessoas contra um réu em princípio inocente porque ainda não fora julgado pelo Tribunal do Júri.

Por sua vez, a família da vítima não deixou que o caso ficasse apenas nas mãos da promotoria pública. Vindo a São Paulo, a mãe de Maria contratou como assistente de acusação o dr. Antônio Covello, um dos mais brilhantes advogados de júri de São Paulo, famoso pela peculiar dramaticidade que imprimia a sua oratória.

A controvérsia judicial girou principalmente em torno de pareceres contrastantes, assinados por peritos de grande prestígio, a partir do laudo necroscópico de Maria. Afrânio Peixoto, catedrático de medicina legal da Faculdade de Medicina do Rio de Janeiro, indicado pela acusação, depois de longas considerações concluiu que sem sombra de dúvida o laudo necroscópico era exato em suas conclusões, ao demonstrar que a morte de Maria Féa ocorrera por asfixia. Ao contrário, Flamínio Fávero, catedrático da mesma disciplina, na Faculdade de Medicina de São Paulo, indicado pelo advogado de defesa, Teixeira Pinto, chegou a uma conclusão bem menos taxativa. Considerou que a morte de Maria Féa poderia ter ocorrido sem a intervenção de uma causa externa, reconhecendo porém que o estrangulamento, em certos casos, não deixa marcas no pescoço. Acrescentou que o estado interessante da paciente, grávida de seis meses, poderia ter concorrido para a sua morte. Em síntese, o professor Flamínio Fávero assim concluía: "Retenho muito forçada a conclusão de que a morte foi produzida por asfixia. Na hipótese de que assim fosse, não bastaria, baseando-se somente no laudo, que tenha sido provocada pelo acusado".[96] Outro perito — o médico Octávio Felix Pedroso — foi mais longe ao considerar que, como não havia no corpo da vítima lesões apreciáveis causadoras da morte, esta se dera "por inibição nervosa do sistema cárdio-vascular-respiratório, para o qual o adiantado estado de gravidez foi um fator preponderante, dada a conhecida instabilidade psicológica-nervosa produzida no organismo das gestantes".

Não contente com essa explicação sui generis, o perito foi além, ao afirmar taxativamente: "O estado nervoso em que se achava Maria Féa Pistone produziu, pela súbita entrada imprevista de seu marido e a discussão que se seguiu, uma síncope histérica inicial que se prolongou até a morte". Em resumo, a histeria e a gravidez, duas fraquezas próprias das mulheres, eram as responsáveis por tudo.

Pistone tratou de utilizar, em seu favor, as dúvidas levantadas. Desmentiu a história do adultério, referiu-se ao estado de fraqueza da mulher durante a gravidez, e passou a afirmar que, quando entrou no quarto do casal, encontrou Maria já morta. Ele, quando muito, só merecia punição pelo crime de profanação de cadáver. Sob esse aspecto, reconhecia ter cometido um erro grave, ao tentar sumir com o corpo de sua mulher, mas praticara esse ato movido por um grande temor do que seria feito com ele, pois, "estando em terra estranha, não conhecia ainda a generosidade do povo brasileiro".

Condenado à pena de 31 anos de prisão no primeiro julgamento, houve pelo menos um jornal — *A Gazeta* — que considerou a pena exagerada, sob a alegação de que existiam, nos autos, laudos contrastantes, e assim a causa mortis não poderia ser afirmada com segurança.[97] O jornal foi além, ao publicar um texto com o título "Desumana severidade", em que começava por lançar dúvidas sobre a autoria do crime: "Havendo no Tribunal perto de 3 mil pessoas [sic], somente para oito — seis jurados, o promotor e o juiz — o auto da autópsia era terminante". Depois, dizia-se surpreso com a dureza do juiz Herculano de Carvalho, tido como um modelo de bondade, que estava ríspido e severo. Ele deixara o promotor discursar livremente, enquanto constrangera a defesa a respeitar o tempo. Mais ainda, o juiz tudo fizera para evitar que o acusado escapasse de uma pena rigorosa, ao permitir uma encenação: a entrada na sala de sessões da mala sinistra, das cordas, roupas e objetos da desditosa Maria.[98]

Os advogados de Pistone, vários em sucessão, não desanimaram diante dessa primeira derrota e lançaram mão de um chorrilho de recursos para ao menos obter a redução da pena. Apelações, recurso ao STF, agravos de petição, embargos declaratórios, revisão processual foram impetrados em seu favor. Um delegado de polícia veio em socorro de Pistone, ao declarar por escrito que sua personalidade era a de um impulsivo e não a de um monstro, como a imprensa sensacionalista insistia em chamá-lo.

Mas todo o esforço dos defensores de pouco valeu. Preso desde o início do processo, em agosto de 1937 Pistone foi condenado a 31 anos de prisão, num último julgamento, incurso na pena máxima dos artigos 294, § 1º e 365 da Consolidação das Leis Penais. Os jurados reconheceram, além do homicídio com agravantes, o crime de profanação de cadáver e negaram qualquer circunstância atenuante.

Após cumprir cerca de dezesseis anos de prisão, um decreto presidencial comutou sua pena para vinte anos, em junho de 1944. Meses depois obteve a liberdade condicional e, em seguida, a extinção da pena. Em liberdade, conseguiu um emprego em Taubaté, no interior de São Paulo, como zelador de um prédio, casou-se com uma faxineira que conhecera na prisão e, ao que se presume, morreu em paz.

11 — OS CRIMES EM LETRA E IMAGEM

Depois dos dois primeiros crimes da mala, muitos outros ocorreram em São Paulo. Mas foram episódios quase sempre banais, sem as características peculiares aos dois primeiros e sem a mesma repercussão. Ao contrário, os casos pioneiros — em particular, o primeiro — foram cantados em prosa e verso, em livros, em fascículos publicados nos jornais, em romances e filmes. Dias após o crime, romances em fascículos começaram a aparecer na imprensa de São Paulo. Com o pseudônimo de Nagib Salemi, "sob o qual se ocultava um festejado autor paulista", saiu o primeiro capítulo de *O crime da mala*, recebendo críticas favoráveis da imprensa. Outra série, transformada em livro em 1909 com o título de *Memorial de um morto: História de um criminoso*, foi publicada em Ribeirão Preto por Ruy Flavio e atribuída a João Guião. Provavelmente, o primeiro nome era pseudônimo do segundo, pois João Rodrigues Guião foi advogado, jornalista, deputado estadual e por três vezes prefeito de Ribeirão Preto.[99]

A produção de filmes e a popularidade do gênero, que propiciou filmagens sobre o crime da mala, foram incentivadas no Rio de Janeiro logo após a inauguração da usina do Ribeirão das Lages, em março de 1907, que permitiu o fornecimento regular de energia elétrica à capital do país. Em poucos meses, vinte salas de cinema foram instaladas na recém-inaugurada avenida Central. Em julho de 1908, o português António Leal e o italiano Giuseppe Labanca, que também era empresário do jogo do bicho, lançaram o que é tido como o primeiro filme brasileiro de ficção, ou filme posado, como se dizia na época. Intitulado *Os estranguladores*, com duração aproximada de quarenta minutos, seu tema era o roubo de uma joalheria, na rua da Carioca, pertencente a um italiano de nome Jacob Fuoco, que tinha contatos com o mundo da marginalidade. O episódio, cujas peripécias se desenvolveram por terra e por mar, resultaram no assassinato de dois sobrinhos do joalheiro pelo famoso ladrão Giustino Carluccio e seus comparsas.

Além dos livros e filmes, uma gravação da lendária Casa Edison-Rio de Janeiro narrou o roubo da rua da Carioca, na voz do maestro Eduardo Souto. O estribilho da canção — um verdadeiro cordel urbano —, referindo-se à condenação dos criminosos, dizia: "Trinta anos não é demais/ para quem tal crime fez".[100]

O mais notável escrito do gênero, no entanto, é o do teatrólogo Artur Azevedo (1855-1908), ao explorar o suposto medo dos homens de serem vítimas de um imitador de Michel Trad. O autor adota a forma de um sainete — texto teatral com poucos personagens, originário da Espanha. Estamos diante do diálogo de um casal na cama, pouco antes de dormir, enfatizado por uma abundância de exclamações e reticências. Um trocadilho, recurso muito utilizado por humoristas do início do século xx, é a chave da história, em que o medo de ir parar no fundo de uma mala se sobrepõe a eventuais suspeitas de infidelidade:

THEATRO A VAPOR

No quarto de dormir do Troncoso, que, deitado ao lado de sua esposa legítima, d. Felisberta, lê o Jornal do Brasil*:*

D. FELISBERTA — Ó seu Trancoso?

TRANCOSO — Que é?

D. FELISBERTA — Que história é essa de uma mala?

TRANCOSO — Que mala?

D. FELISBERTA — A tal que veio de São Paulo com um defunto dentro.

TRANCOSO — Você não leu?

D. FELISBERTA — Eu lá tenho tempo de ler jornais?

TRANCOSO — Foi um turco que matou outro e meteu o cadáver dentro da mala para dar sumiço ao mesmo.

D. FELISBERTA — Credo! Eram turcos, desses de phosphoros baratos?

TRANCOSO — Não senhora; estes eram de turcos caros, turcos de gravata lavada.

D. FELISBERTA — E qual foi o motivo do assassinato?

TRANCOSO — Ainda não está averiguado, mas presume-se que o assassino gostasse da mulher da vítima. Dizem que é uma beleza.

D. FELISBERTA — Queria que ella ficasse viúva para casar com ella! Que turco levado do diabo!

TRANCOSO — Por um lado foi bem feito. Quem lhe mandou casar com mulher bonita? Os homens de juízo fazem como eu: casam com mulher feia!

D. FELISBERTA — Seu Trancoso, eu sei que sou feia, mas é uma semsaboria que você, a todo instante me lembre, a minha fealdade! E você pensa que é algum Adonis?

TRANCOSO — A sua fealdade, sra. d. Felisberta é o meu socego!

D. FELISBERTA — Então você pensa que eu não seria honesta se fosse bonita?

TRANCOSO — Uma senhora bonita está exposta a muitas seducções e custa muito caro. Si você não fosse feia, eu tinha a casa sempre cheia de amigos.

D. FELISBERTA — Feia! Feia! Pois olhe, nem todos são da sua opinião.

TRANCOSO — Duvido.

D. FELISBERTA — Ainda hontem, no bonde da Alegria quando fui à casa da prima Nicota... Stá bom, não conto...

TRANCOSO (*interessado*) — Conte! Que foi?

D. FELISBERTA — Não! Você é capaz de se zangar...

TRANCOSO — Não me zango!... Conte!...

D. FELISBERTA — Ora, para quê?...

TRANCOSO — Conte, quero saber o que foi!...

D. FELISBERTA — Pois bem! Um bonito rapaz chegou-se tanto, tanto, para mim que eu lhe perguntei: — Que quer o senhor? — Sabe você o que elle me respondeu? — Quero amá-la!

TRANCOSO (*dando um pulo da cama*) — A mala? Quem foi esse patife? Vou amanhã à polícia! Quer meter-me também dentro da mala!...[101]

O grande sucesso de *Os estranguladores*, que teve por volta de oitocentas exibições, demonstrou aos pioneiros do cinema que o tema do crime atraía as atenções de um grande público. Quando poucos meses antes do lançamento de *Os estranguladores* ocorreu o crime da mala, produtores se apressaram em apresentar versões do episódio para as telas do cinema, daí resultando quatro filmes, dois em São Paulo e dois no Rio de Janeiro. O título *O crime da mala* ficou com os paulistas, enquanto os cariocas optaram por *A mala sinistra*. Um dos filmes realizados em São Paulo se restringia a uma "atualidade", ou seja, uma breve encenação do habeas corpus obtido por Carolina Farhat. O outro foi produzido pelo espanhol Francisco Serrador, que viria a se transformar em grande empresário na área de espetáculos, tendo sofrido a proibição da polícia. O filme, de uns dez a quinze minutos, foi impiedosamente desancado por uma revista editada em São Paulo, *Cri-Cri*, a partir de uma série de constatações: Elias Farhat transforma-se num prosaico português; Michel Trad vive encerrado numa casa de pedra com portão de ferro; ao ser colocado na mala sinistra, Elias já não é um "português", pois se transformou num mal disfarçado boneco de palha.[102] Leal e seu sócio Labanca apressaram-se em realizar outro filme, com o título de *A mala sinistra*, mas tiveram um concorrente: o prestigioso fotógrafo Marc Ferrez, que enviou seu filho e vários atores a São Paulo e a Santos, para realizar um filme in loco, com título idêntico.[103]

O segundo crime da mala inspirou duas películas. Elas envolveram uma curiosa história de competição entre dois realizadores, um querendo exibir seu filme em primeiro lugar, logo após a morte de Maria Féa. Um deles era o jovem advogado Antônio Tibiriçá, que em 1926 lançara o filme *Vício e beleza*, o qual lhe rendera fama e dinheiro, graças ao título e às indicações "inconveniente para senhoras" ou, em linguagem mais incisiva, "só para homens". O outro realizador era Francisco Madrigano, filho de italianos, com um perfil modesto, bem diferente do de Tibiriçá. Nos anos 1970, aos 74 anos, Madrigano pintava paredes para se sustentar, como ele contou numa entrevista realizada pela professora Maria Rita Galvão.[104]

12 — TRAD, PISTONE E MARIA FÉA EM CONFRONTO

A lembrança dos dois crimes e de seus personagens variou no tempo. A tragédia de 1908 foi quase esquecida, após ter ressurgido brevemente em 1928, a ponto de se considerar a que a sucedeu como "o primeiro crime da mala". No entanto, Michel Trad era um personagem bem mais interessante do que José Pistone. Este último não passava de um golpista, integrante do contingente de marginais e semimarginais que, vindos da Europa, circulavam pelo Brasil e pelos países do Prata. Ele não tinha nada de um criminoso frio, como indicam suas trapalhadas após o assassinato de Maria. Já Trad, autor também de um crime bárbaro, era um personagem complexo, cujo comportamento tinha traços muito especiais. Não é demais ver nele uma figura narcisista, tanto pelo aspecto de admiração por sua própria pessoa quanto pela importância que dava à opinião de terceiros a seu respeito. Ao longo do processo criminal, deu vazão a essas características psicológicas, sem se preocupar em assumir uma estratégia que, quem sabe, levaria os jurados a reconhecer circunstâncias atenuantes na execução do crime. Ele poderia, por exemplo, atribuir o assassínio de Elias a

uma paixão irresistível por Carolina, que o levara à perturbação dos sentidos e da inteligência, isentando assim a jovem viúva de qualquer responsabilidade pelo delito. Mas preferiu confessar, negar e depois silenciar.

Trad conseguiu apagar o epíteto de "monstro", de "criminoso vil e desprezível", que a imprensa atribuiu a ele nas primeiras semanas após o crime. Para começar, não era um delinquente contumaz, mas autor de um crime só, cujas razões ele se negava a confessar, mas sempre tentando passar a ideia da nobreza de seu gesto. Sua imagem de rapaz elegan-

---

É perigoso escrever. *O Paiz*, 24 de setembro de 1908.

TERRIVEL SYMPTOMA

— Não lhe tenho dito mil vezes que deve suffocar as suas tendencias literarias ? O menino quer acabar em uma prisão como o Rocca e o Traad ?...

te, sempre se apresentando bem-vestido no curso de seu julgamento, versado em línguas e autor de um "crime isolado" como ele dizia, sobrepôs-se à barbaridade do delito. Em pouco tempo, passou a ser visto pelo que realmente era: um personagem complexo e muitas vezes contraditório. Manteve-se em cena confessando e negando sucessivamente a autoria do crime e, ao negar, dedicou-se a uma narrativa fabulosa, ainda que inverossímil, sobre os misteriosos italianos. Nos seus julgamentos perante o júri, encarou a cena em sentido literal, como um verdadeiro espetáculo em que ele se destacou, ao tomar a palavra e falar por duas horas seguidas e, depois, já condenado a uma longa pena, criticar um promotor por suas ideias retrógradas.

Em atos da vida civil, Trad se considerava uma pessoa prestigiosa, especialmente no âmbito da colônia síria e libanesa. Quando Nami Jafet morreu, lá estava ele entre os que enviaram condolências ao ilustre patrício. Importava-lhe também demonstrar o apoio que recebeu de muita gente, não obstante a magnitude do crime e a condenação que sofreu. Após a condenação, Michel Trad concedeu entrevista aos jornais. Quando lhe perguntaram qual tinha sido a reação de seus amigos à longa condenação, ele respondeu que recebera muitos cartões de condolências [sic], não só de sírios como de brasileiros, a ponto de considerar-se feliz com a repercussão do caso.

Os tempos mais difíceis que Trad atravessou foram os longos anos de prisão, em que ficou meio esquecido. Reapareceu brevemente quando surgiu um êmulo — Pistone — que acabou tomando seu lugar na memória coletiva. Mas já não poderia gozar o prazer da notoriedade em terras distantes, fosse em Beirute ou quem sabe em Paris.

Trad, Farhat ou Pistone foram figuras efêmeras que acabaram por desaparecer ao longo do tempo. Quem permaneceu, situada em uma esfera transcendental, foi Maria Féa. Pela brutalidade do delito, pelas injúrias que Pistone lançou contra ela, pelo fato de estar grávida, Maria Féa foi transformada em santa popular, posta simbolicamente no panteão em que figuram a menina Izildinha, Antoninho Marmo, Antônio Marcelino (Menino da Tábua) e tantos outros. Ao túmulo de Maria, no Cemitério da Filosofia localizado em Santos, no bairro do Saboó, ano após ano, acorre um grande número de pessoas. Elas aí vão para agradecer-lhe, por meio de placas ou ex-votos, pelas bênçãos recebidas. Nas placas, Maria ora é tratada como santa, ora como piedosa ("Santa Maria Mercedes Féa — agradecimento por uma graça alcançada"; ou "À piedosa Maria Féa agradeço a graça rece-

———

Culto a Maria Féa.
Cemitério do Saboó,
em Santos.

bida"). No local, foi construída uma capela, por subscrição popular, encimada por uma cruz e por dois anjos-serafins que sopram trombetas dirigidas ao alto. Correram também lendas sobre acontecimentos milagrosos. Em 1950, quando a tumba foi aberta, teria sido encontrado intacto o corpo de Maria, adornado por longos cabelos que teriam crescido ao longo dos anos.[105] A santificação popular de Maria Féa tem muito a ver com uma história de sacrifício e martírio, características aliás frequentes na vida de pessoas oficialmente reconhecidas como santas pela Igreja Católica. No caso de Maria, os elementos sacrificiais têm um dado expressivo na maternidade frustrada, associando-se ao que seus devotos encaram como um milagre: quando a autópsia estava sendo realizada, o cadáver expeliu o feto que Maria gestava em suas entranhas.

Em torno dos crimes, algumas perguntas ficaram no ar. Como teria ocorrido tanto a Trad quanto a Pistone enfiar numa mala os corpos de suas vítimas, tentando remetê-los para a Europa? Pistone teria sido um imitador de Trad, um *copycat*, apesar do fracasso de seu antecessor, circunstância que supõe a persistência da lembrança da morte violenta de Elias Farhat vários anos depois?

Seja como for, a tentativa dos dois assassinos, no sentido de fazer desaparecer no mar os cadáveres de suas vítimas, dependia de ações complicadas e tinha poucas possibilidades de êxito. Por que essa escolha? Talvez porque eles estivessem familiarizados com a travessia do Atlântico, com as cargas içadas de um lado para outro, a marujada de várias nacionalidades, a salinidade do ar, o apito dos navios e, no caso de Trad, com o mar imenso que receberia o corpo de seu desditoso patrício.

CONCLUSÃO

Este livro começou a ser gestado há vários anos, a partir de uma extensa pesquisa no velho Arquivo Judiciário de São Paulo, na Vila Leopoldina, de que resultou o livro *Crime e cotidiano*, publicado em 1984. "Arquivo" é exagero. Naquela época, tratava-se de uma construção deteriorada que abrigava processos amontoados segundo uma precária classificação. Em busca de uma análise de conjunto, percorri centenas de autos, alguns dos quais fixados na minha memória por seu conteúdo dramático, expresso nas peças judiciais, nas fotografias, nas cartas escritas em línguas estrangeiras. Muitos desses processos me impressionaram e, entre outros, retive dois dos três que integram este livro: o crime da Galeria de Cristal e o primeiro crime da mala. Quando quis voltar a eles anos mais tarde, uma decepção me esperava. Ao ir à procura dos autos, agora provavelmente guardados no moderno arquivo do bairro do Ipiranga, dei com o fato de que eles estavam "deslocados" — um quase sinônimo da impossibilidade de consultá-los, apesar da boa vontade dos funcionários do arquivo.

Entretanto, ao folhear os jornais dos primeiros anos do século XX, fiz uma constatação alentadora. Nessa época, a imprensa cobria os grandes crimes com pormenores que não se limitavam à narrativa minuciosa dos delitos, pois reproduziam parte dos debates das sessões do júri e as respostas dos jurados aos quesitos que precediam a sentença final. Assim, pude recuperar dados essenciais não constantes dos processos, desde a retórica dos julgamentos até as ardidas controvérsias sobre os méritos e os males da instituição do júri.

Porém, em que medida a matéria jornalística seria uma fonte histórica confiável? Ou, dito de outro modo, qual o grau de aproximação entre o fato em si e a narrativa do jornal? Pressuponho que um percurso liga esses dois polos, no qual algo se perde e ao mesmo tempo se constrói. Com a ressalva de que o fato não é um polo autônomo, alcançável na sua inteireza, mas algo que só ganha sentido a partir do olhar de quem narra.

O distanciamento entre fato e narrativa é em geral maior na descrição dos faits divers do que em outros textos da imprensa porque o repórter policial tende a "dar asas à fantasia", dada a dramaticidade de seu objeto. Um recurso destinado a dar maior realismo aos relatos é o da "transcrição" de diálogos a que o narrador não poderia ter assistido. Desse modo, o texto jornalístico se aparta da busca dos fatos "tal como eles aconteceram" e produz um relato com elementos ficcionais. E o que dizer deste texto, cuja fonte principal são os jornais? Como breve resposta, observo que me baseei nos fatos, sem deixar de percorrer alguns caminhos imaginados por mim, ou pelos contemporâneos, que deixaram suas pegadas na palavra impressa.

Quanto à cronologia, os leitores provavelmente terão notado que inverti a ordem dos dois primeiros delitos, ao colocar o crime da Galeria de Cristal (1909) à frente do primeiro crime da mala (1908), pois isso me permitiu relatar e analisar em paralelo os dois episódios assemelhados pela particular "destinação" de suas vítimas.

Não acredito na possibilidade de se extrair das narrativas dos três crimes que compõem este livro conclusões de amplo espectro. Ou seja, não me parece viável tomá-las como pistas reveladoras, abrindo caminho para uma história social e política da sua época. Sua validade é outra, e evita o risco de conclusões genéricas que pouco ou nada explicam.

Em primeiro lugar, como é óbvio, uma história narrativa deve contar boas histórias, de uma forma atraente. Se o leitor chegou até aqui, tenho esperança de que esse objetivo tenha sido alcançado. Mas ficar nesse limite seria pouco. Para além da narrativa pura e simples, essas boas histórias devem dizer algo mais.

O que espero ter conseguido são "iluminações", que, por exemplo, vão do palco de debates e decisões do júri ao que hoje chamaríamos de relações de gênero. No caso do júri, sem deixar de discutir o lugar da instituição no campo da Justiça, seus méritos ou deméritos, me voltei para a possibilidade de dar vida a acusadores, defensores, juízes e acusados, evidenciando os papéis que tratam de desempenhar, por meio da retórica e até mesmo do modo de vestir.

No terreno das relações de gênero, a "iluminação" lança um foco de luz sobre as três mulheres protagonistas dos crimes, como vítima, suspeita ou ré. Maria Féa, como já disse, se enquadra com perfeição na figura da esposa sacrificada, grávida, vítima de um marido mesquinho, preenchendo os requisitos da mulher-mártir conducentes a sua santificação popular.

Mais complexa é a imagem de Carolina Farhat, que por seus contatos com Michel Trad se torna suspeita de participação na morte do marido. Tratada com atenção pelas autoridades policiais, ela acaba sendo presa preventivamente e essa prisão a transforma em vítima das autoridades policiais e de um determinado juiz. A suspeita, que poderia ter certo fundamento, não encontra eco na opinião pública e, sobretudo, na esfera mais alta da magistratura. O eventual enquadramento de Carolina como ré se converte na "condenação" das autoridades que violaram seus direitos, e ela sai da cena judicial cercada pelo entusiasmo popular.

O foco de luz se torna mais intenso e mais desnorteante quando incide sobre Albertina Barbosa. Como os homens avaliam essa professora, correta no modo de viver, a um tempo assassina, heroína, mãe relapsa e mãe extremosa, preocupada com o debate público, ao defender a mudança dos códigos para impor pesadas punições a homens quase sempre impunes que desonraram jovens mulheres?

O indício mais claro das percepções masculinas encontra-se nas decisões dos homens de classe média letrada para cima, sorteados para formar os sucessivos conselhos de sentenças que julgaram Albertina. Oscilações e opiniões divergentes não impediram que ela fosse afinal inocentada, sob censura dos técnicos do direito, mas sob os aplausos da grande maioria da imprensa e da opinião pública. Seria um caso fora da curva? Não, um caso radical, com marcas próprias, somando-se a outros, nos quais mulheres matam ou tentam matar seus ofensores.

Com frequência, nos primeiros decênios do século xx, as matadoras que cobravam com sangue o preço de sua desonra eram absolvidas ou recebiam penas reduzidas. Essas "guerreiras" não eram "mulheres de má vida". Reuniam, ao contrário, qualidades próprias do que se esperava de uma mulher. Sua atitude extrema parece ter encontrado a compreensão majoritária de seus juízes leigos, quem sabe porque suas vítimas não correspondiam aos traços essenciais de uma identidade masculina.

ANEXOS

O TRÂMITE DO PROCESSO CRIMINAL POR HOMICÍDIO EM SÃO PAULO, NO INÍCIO DO SÉCULO XX (LEI N. 18. DE 21/11/1891)

Início; antes da Sessão do Júri:

- Inquérito policial;
- Processo em juízo: denúncia da promotoria pública e sumário de culpa, ouvindo-se testemunhas e procedendo-se a interrogatório dos réus;
- Promotor solicita pronúncia dos acusados; caso juiz acolha a pronúncia, libelo acusatório do promotor com base em artigos do Código Penal, arrolando testemunhas; defesa contradita libelo e arrola testemunhas.

Sessão do Júri:

- Sorteio dos jurados;
- Interrogatório dos réus; acusação; defesa; (réplica e tréplica);
- Votação dos jurados na sala secreta;
- Juiz profere a decisão final, com base nas respostas do Conselho de Sentença às perguntas que lhe foram feitas pelo juiz, pela acusação e pela defesa.

DIÁRIO DE MICHEL TRAD[1]

UM CRIME ESPANTOSO

O diario de Traad — Revelações interessantes — A opinião do criminoso sobre a imprensa — Auto-psychologia de delinquente — A denuncia do primeiro promotor — Outras Informações.

O sr. dr. Adalberto Garcia, primeiro promotor publico, apresentará hoje ao juiz da primeira vara criminal, dr. Adolpho Mello, a denuncia no processo do assassinato de Elias Farhat.

O summario de culpa começará amanhan.

Publicamos em seguida o "diario" escripto por Miguel Traad na prisão. Esse curioso documento foi feito pelo assassino de Farhat, antes delle ter conhecimento das noticias dos jornaes a respeito do seu crime.

Eis o "diario", seguido de outras paginas escriptas por Traad:

1. Fonte: *O Estado de S. Paulo*, 22/09/1908.

MEU DIARIO[2]

(3 DE SETEMBRO)

— Embarco-me a bordo do "Cordillère", ás 6 horas da tarde. A's 8 horas trato de lançar a mala ao mar. Sou impedido pelos marinheiros. Vendo que estava preso e que não havia mais meio de me salvar, depois de um minuto de reflexão, entrego o meu revólver ao capitão e me deixo prender sem nenhuma resistencia.

Entrego tudo o que trago, papeis e dinheiro ao commissario. Conduzem-me para um beliche da frente, que serve de prisão. Este beliche é aquecido pela caldeira que está ao lado. Collocam uma sentinella á porta, armada até aos dentes, com ordem de me matar, se eu tentasse fugir.

Nesta situação interessante, eu ria commigo mesmo de taes precauções. Os passageiros vinham passar á frente do meu beliche de luxo, e gentis passageiras pediam á sentinela para tomar cuidado para que eu não fugisse. Estou certo de que nessa noite muitas passageiras não puderam dormir de medo que eu fosse assassinal-as em seus leitos. Emfim, vem a manhan e offerecem-me queijo e uma banana para meu regalo. Comí-os com bom appetite, porque tinha necessidade de readquirir forças. Logo chegamos ao Rio.

Esqueci-me de um facto interessante:

2. O texto em português é tradução de algum jornalista de *O Estado de S. Paulo*, que resolveu não traduzir a divisa de Trad. A divisa se encontra em francês, no final do diário.

Quando eu estava encerrado no beliche, ouvi uma senhora dizer aos passageiros: — "Não repararam que elle tinha mesmo uma cara de assassino?" Este bello pensamento me fez rir, e eu pensava commigo mesmo nessas mulheres, a quem se mostrava a photographia da victima e que, julgando que éra o assassino, gritavam: — "Que catadura horrivel. Se eu me encontrasse com elle na rua, não dormiria a noite inteira! Não estão vendo como tem o ar feroz?!"

E, entretando, era o retrato da propria victima!

(4 DE SETEMBRO)

— Chegámos ao Rio. Avisada a policia maritima, chega ella sob a forma de agentes como burguezes. Levam-me sem nenhuma escolta para terra e conduzem-me á policia maritima.

Alli, em uma sala cheia de reporters de jornaes, procura-se interrogar-me.

Vendo todas essas figuras super-excitadas e embaraçado eu sobretudo, pela presença destes reporters, fui ao encontro de sua curiosidade offerecendo-me para fazer eu mesmo...[ilegível]

Sahi dalli á noite e me trancaram a ferrolhos.

Acordam-me á noite para me submetter a um novo interrogatorio, que não é mais do que a cópia daquelle que eu já tinha feito.

Acabado isto, introduzem-me na sala do chefe de policia, que usa oculos ao que parece para poder lêr na consciencia dos acusados. Mas enganou-se, porque depois do meu interrogatorio nada mais adiantou do que o terceiro delegado. Volto á minha prisão, onde fazia muito frio nessa noite.

(SABBADO, 5 DE SETEMBRO)

— Pela manhan conduzem-me ao necroterio para o reconhecimento da mala e do cadaver. Uma multidão de curiosos e de reporters estacionava alli para me ver passar. Havia pessoas que me olhavam com olhos ternos, parecendo commiserar-se da minha sorte. Outras me olhavam com olhos ferozes, capazes de me devorar vivo. Volto ao meio-dia para a prisão, onde como com bom appetite queijo e banana.

A'tarde vou para o gabinete de identificação e estatistica, onde tiram o meu retrato, tomam as minhas medidas e a impressão de meus dedos. Por fim submettem-me a um outro interrogatorio, que nada mais adianta do que os precedentes.

Admiro-me com os meus botões em pensar porque se deixavam os interrogatorios para a noite. Julgo comprehender agora, e é possível que seja verdade, que a noite amedronta os criminosos e os obriga a revelarem os seus crimes.

(DOMINGO, 6 DE SETEMBRO)

— É domingo. Penso que vão mandar-me, enfim, para S. Paulo nesse dia. Não quizeram e fizeram bem porque eu fiquei na prisão o dia inteiro e vi coisas interessantes. Desde a manhan é um desfilar incessante de presos, que digo eu? — de presas.

São presas. Nesse dia não vi senão presas embriagadas que se recolhiam ao xadrez. Havia algumas que me causavam pena, outras me faziam rir. Todas eram interessantes não só por suas maneiras como por suas palavras.

Se eu tivesse uma penna nesse dia, teria escripto um livro sobre essas mulheres.

(SEGUNDA-FEIRA, 7 DE SETEMBRO)

— Acordam-me cedo e participam-me que eu ia seguir para S. Paulo.

Na estação havia ainda poucas pessoas.

Collocam-me num velho compartimento destinado ao correio, com um soldado á minha direita, outro á esquerda e tres agentes secretos vestidos á paisana em frente de mim.

Meus companheiros de viagem eram muito alegres, muito polidos para commigo e muito previdentes. Em todas as estações os curiosos corriam para me vêr. Dir-se-ia que todas as cidades tinham sido avisadas da minha chegada. Emfim chega-se a S. Paulo á noite. Mas, dez minutos antes da estação do Norte o trem pára e fazem-me desembarcar. Uma caixa fechada, que mais parecia uma lata de sardinhas do que carro de conducção de presos, com muitos agentes e praças de cavallaria esperava-me naquelle ponto.

Chovia. Pomo-nos em marcha e soube pelo agente á paisana encarregado de minha pessoa que os syrios furiosos me esperavam na estação para lynchar-me. Chegamos sempre debaixo de chuva ao edificio da Policia Central, onde apeio. Encerram-me num calabouço exposto ao vento frio da noite. Assento-me no chão e preparo-me para poder passar a noite, quando me vêm chamar.

Era para o interrogatorio. Annuncio que a policia é intelligente: não deixa os presos descansar porque, fatigados e auxiliada pelo escuro da noite, poderá arrancar uma confissão. Não era a mesma coisa para mim. Eu absolutamente não estava fatigado da viagem e achava-me prompto para todas as perguntas que se me quizessem fazer.

Quando terminou o interrogatorio, eram já 3 horas da madrugada. Volto para o meu calabouço, onde não pude dormir porque um vento frio e cortante soprava pela janella sem vidraças. Protesto varias vezes, peço o meu sobretudo, mas inutilmente, porque não tinham ordens para m'o dar. Afinal, apparece o dia.

(TERÇA-FEIRA, 8 DE SETEMBRO)

— E' o dia da acareação.

Depois do meio-dia, mme. Farhat e os irmãos de Elias, José e Ibrahim, esperavam-me.

Conduzem-me á frente delles e do primeiro delegado. Após um momento, chega o chefe de policia.

Começam os interrogatorios e verifica-se que tudo que eu tinha dito é verdadeiro.

A sessão é suspensa por um instante. Sou acareado com mme. Carolina Farhat.

Eu não tinha a calma necessaria nessa tarde. Logo eu lhes participo que sou o unico assassino de Elias Farhat. Elles não se mostram admirados, porque parece que toda a gente está certa de minha culpabilidade. Achavam-se satisfeitos e eu tambem. O primeiro delegado disse-me que havia suspeitado de mim desde o primeiro momento, o que, aliás, duvido. Em seguida, a autoridade indaga se fui interrogado com muita insistencia no Rio. Cortando o fio dessas perguntas, respondo-lhe logo: — "Ninguem me pôde fazer dizer o que eu queria. Cabe ao senhor a gloria de me ter feito confessar".

O delegado dá-se ares de modesto e diz que a mme. Farhat é que aproveita a minha confissão. Espero que assim aconteça e creio mesmo que ella não ficará em situação afflictiva.

A'tarde, puseram-me um colchão sobre o assoalho e permittiram-me guardar o meu sobretudo. Pude dormir bem tranquillamente essa noite.

(QUARTA-FEIRA, 9 DE SETEMBRO)

— Passo o dia tranquillamente, mesmo alegre. Estou satisfeito com a minha confissão da vespera.

Trazem-me roupas para eu mudar [ilegível] Pude dormir á noite muito bem e tive até alguns sonhos.

A'tarde, o dr. chefe de policia veiu ver-me e perguntou-me se eu tinha dito toda a verdade. Respondi-lhe affirmativamente, reservando somente para mim o movel do crime. Elle teve a amabilidade de não me visitar mais depois disso. S. exa. ordenou que se me fornecessem uma cadeira e o necessario para escrever.

(QUINTA-FEIRA, 10 DE SETEMBRO)

— Estou tão alegre como na véspera. Escrevi muitos pensamentos e reflexões. (Neste ponto Traad riscou algumas palavras que havia escripto, deixando, entretanto, perceber os seguintes dizeres: — "Enderecei a Blancho uma ultima carta de adeus.............................. á tarde enviei uma carta á minha mãe e outra a Nicolas"). Como com bom appetite o meu pão, queijo e minhas bananas. Sou bem servido pelo sargento encarregado de vigiar a minha prisão. E' muito serviçal, seu official tambem. Sómente este ultimo tem o defeito dos velhos soldados: é cabeçudo como uma mula. Não comprehende senão o que os seus chefes lhe ordenam directamente. No fundo, porém, não é máu, e procura agradar-me sem se comprometter.

Hoje, á porta da minha prisão, está de guarda um pobre negrinho do primeiro batalhão. Está com dôr de dente e soffre, parece soffrer, porque tem a physionomia abatida e não acha muito interessante a tarefa de guardar-me.

Estou contente com o sargento. E'um curioso, mas é um homem franco. Amo a franqueza. Esta manhan, elle me disse: "Sr. Traad, é verdade o que se diz de sua pessôa na rua?" Peço-lhe a sua opinião a respeito e elle me declara que não acredita no que se diz. Respondo-lhe então: "Portanto, é verdade". Ficou embasbacado com a minha confissão.

A'tarde, perguntou-me se eu tinha esperança na minha defesa. Respondi-lhe depressa que tinha esperança na minha condemnação. Elle não mostrou querer acreditar-me.

Tinha de me submetter hoje a um novo interrogatorio. Ninguem me veiu chamar. Penso que é por estar o primeiro delegado enfermo. Foi a emoção que o deixou doente. Creio mesmo que o foi por causa de muitas sensações a um só tempo.

Hontem, á tarde, tocava-se musica perto do palacio; tive a sorte de assistir a um concerto. Nessa tarde foi um italiano jovial recolhido á prisão contigua á minha. Não devia estar muito triste com a sua sorte, porque cantava e a sua voz não era desagradavel. Pude assim ouvir alguns trechos de opera. Tenho visto individuos que, uma vez encarcerados, se machucam, choram, protestam. etc. Mas o meu italiano pareceu-me differente, e, sem lhe ter visto a cara, sympatizei com elle. Com effeito para que chorar e protestar? Isso não serve de nada. E' preciso encarar a situação com olhos alegres e esperar, pacientemente, o seu fim. Se se commette qualquer falta, é justo que se expie essa falta. Se se não tem nada que expiar, grita-se contra os algozes cantando.

Acredito que o meu vizinho não tinha um grande crime a pesar-lhe na consciencia.

O dr. secretario de policia mandou perguntar-me se eu queria que elle abrisse as cartas que recebo, e que depois de conhecer o seu conteúdo m'as devolveria; seria bom que elle as conservasse fechadas até o fim do inquerito. Como a policia já leu toda a minha correspondencia e como não tenho segredos graves, autorisei-o a abrir as cartas... O dr. secretario fez devolver-m'as depois. Entre ellas havia uma de Georges e outra de Blanche. Blanche enviou-me tambem a sua photographia, juntamente com a da filha, em um cartão postal. Rasguei tudo porque já tinha tomado a resolução de olvidar toda a minha vida passada e arredar de mim tudo o que pudesse recordal-a.

(SEXTA FEIRA, 11 DE SETEMBRO)

— Enfim, hoje é o ultimo interrogatorio a que a policia me sujeita. Ao meio-dia alguem veiu chamar-me. O primeiro delegado principia por interrogar-me sobre o que eu disse a mme. Farhat, quando com ella conversei a sós. Parece que a autoridade encontrou uma differença entre a minha resposta e a sua. Em seguida, aborda novamente os menores detalhes do crime. Eu o satisfaço de bom grado, por que hoje estou de bom humor. Para terminar eu lhe declaro que confirmo mais uma vez todos os meus actos desde o começo até o fim; que não me arrependo absolutamente do que fiz, e que tenho a consciencia tranquilla. Para que as minhas declarações concordassem com as de mme. Farhat, o primeiro delegado quiz acarear-nos, de novo. Pobre mulher! Jamais acreditou que eu tivesse commettido esse crime!

Ella chorou, chorou, e me supplicou que dissesse a verdade para salval-a! Compadeci-me della do fundo do coração. Que verdade poderia dizer-lhe ainda que a pudesse salvar? Disse tudo, tudo feito inutilmente. Agora mme. Farhat está presa, como eu, por ordem do juiz e deverá ser julgada. Se eu pudesse falar-lhe a sós dar-lhe-ia coragem, exhortal-a-ia á paciencia. Agora não ha outro meio, deve ser julgada, mas será absolvida. Sim, deverá ser absolvida, porque nada ha contra ella, e ella é innocente. Ha sempre uma justiça aqui em baixo. Afinal fujo de sua presença, o primeiro delegado ordenou que eu voltasse a prisão. Fizeram-me entrar num lugar que não é a minha prisão, e disseram-me que esperasse alli porque iam lavar a prisão. Tive um pequeno presentimento. Acredito agora que tinha razão.

Durante a minha ausencia revolveram os meus papeis e leram tudo o que eu havia escripto. Não tenho agora duvida alguma a respeito. Isto não me aborreceu, porque já me tinham avisado que leriam toda a correspondencia.

De mais, já nada havia a occultar, desvendei tudo o que havia no meu coração e contei á policia até as mais pequenas particularidades de meu caracter. Isso ainda não bastava.

A's 4 horas chega a vez do gabinete de identificação. Tira-se o meu retrato, tomam-se muitas impressões dos meus dedos e apontamentos sobre a minha physionomia.

Emquanto se fasiam estas operações, um velho guarda que não conheço e qualificado por mim mesmo de louco, dava instrucções aos soldados para que me seguissem. E, dizia-lhes: "Desconfiem delle (de mim); olhem sempre as suas mãos porque conheço presos que se têm suicidado, a despeito da vigilancia dos seus guardas. Sobretudo tomem cuidado para evitar-lhe a fuga".

Pobre idiota! Elle não via o que trago na cabeça e não sabia, por conseguinte, que prefiro a prisão á liberdade. Esta noite passei em claro por mais tempo no xadrez, porque amanhan, por ordem do juiz, serei remettido para a prisão central, perto do jardim da Luz. Estou aborrecido por mudar de carcere porque o meu já me era familiar, e eu começava a amal-o.

(SABBADO, 12 DE SETEMBRO)
— Acordei cedo como nos dias em que se tem de fazer longa viagem. Visto-me rapidamente e oiço que se vem ordenar-me para mudar de morada.

Neste momento pensei commigo mesmo e recordei dia por dia o tempo passado nesta prisão desde a minha entrada.

Não julgava poder affeiçoar-me a nova prisão como me tinha succedido com esta. Mas porque? Resignei-me a soffrer, a supportar a fome e o frio em summa a soffrer a mais baixa humilhação. Deu-se, porém, justamente o contrario: em vez de me tratarem como assassino, tratam-me, ouso dizel-o como victima. Condoem-se da minha sorte, consolam-me, encorajam-me, procuram por todos os meios suavisar minha existencia. Todos, desde os mais altos até aos mais baixos funccionarios, são bons e cuidadosos para commigo. Os meus carrascos têm melhor coração que os meus amigos. E' por isso que amo os meus carrascos, meus soffrimentos e a minha prisão. Não sei se para onde fôr encontrarei gente tão bôa como esta. Isso não me inquieta; espero todos os soffrimentos e nada temo.

ULTIMA CONFISSÃO

Eis a minha ultima confissão que, em nada alterando as precedentes, todavia as completará.

Já o disse e todos sabem que no dia 1 de setembro matei Elias Farhat e o remetti para Santos.

Para enganar seus irmãos e afastar toda a suspeita de mim, voltei a passar o resto do dia em seu armazem, entre elles, para ouvir suas reflexões e ver o que pretendiam fazer.

Approxima-se a tarde e Elias naturalmente não vem. Então começaram a ter inquietações.

A mulher, toda afflicta, desce para o armazem e, encontrando-me ali, pede-me para ir á procura de seu marido.

Tento hypocritamente tranquillisal-a.

A'noite não havia ainda nenhua noticia delle.

Os irmãos de Elias convidam-me para subir á sua casa. Lá encontro muitas mulheres chorando e apprehensiva. Exhorto-as á paciencia e vou accommodar-me á minha residencia.

No dia 2 de setembro, cedo, desço ao armazem afim de saber das pesquizas que se vão fazer e tomar minhas precauções.

Sei que mme. Farhat tinha ordenado ao sobrinho de seu marido que fosse á Cantareira procurar informações deste. Esta idéa me esclareceu.

Subo immediatamente para encontral-a com seu sobrinho e, tomando um ar ancioso, digo a este que vá á Cantareira emquanto eu ia descer para Santos, afim de fazer investigações.

Peço-lhe guardar reservas sobre a minha viagem para não despertar escandalo no caso em que Elias tivesse embarcado por mar.

Tendo grande confiança em mim, esta pobre mulher pediu-me que me informasse bem em Santos.

Chegado a Santos, meu primeiro cuidado foi fazer embarcar a mala a bordo do navio.

Eu mesmo poderia ter telegraphado a mme. Farhat, dizendo-lhe que minhas pesquizas haviam sido infrutíferas e que ia para o Rio. Mas tive medo que ella me respondesse que não partisse e desse modo, teria sido impedida a execução do meu projecto; ou então, partindo depois de receber a sua resposta, eu ficaria compromettido.

Então achei mais tranquillisador dar o telegramma a um amigo, para expedil-o depois da saida do vapor.

Eis como, perfidamente, tratei de enganar esta senhora e eis como, ferozmente, fiz cair suspeitas sobre ella. Mas, em verdade, pode ser suspeitada uma mulher que tem amado seu marido com um amôr tão desinteressado, que tem vivido sete annos com elle uma vida dura e encerrada; que tem supportado durante sete annos, digo eu, o caracter grosseiro de um homem sem educação; uma mulher, emfim, que tem atravessado os mais bellos annos de sua existencia presa e tratando da molestia incuravel de um homem... póde esta mulher ser suspeitada de ter auxiliado a matar este homem?

Elias Farhat era um homem grosseiro na intimidade do lar, não tendo nenhum respeito, nenhuma delicadeza para com as senhoras; um homem, emfim, que não póde ser amado. Ainda mais: era um homem de quem se devia fugir, porque sua molestia, contagiosa e incuravel, o tornava perigoso para todos que com elle conviviam. Apesar disto, porém, a esposa o amava.

Não ousarei dizer que o amasse como se amam dois jovens namorados, não; mas amava-o pelo unico motivo de ser elle seu marido, e por esta unica razão o respeitava.

Esta mulher, que sacrificou sua mocidade e consagrou a vida a tratar de um homem doente, póde, depois de sete annos de devotamentos, desejar a morte deste?

Mas, conversemos logicamente: — Mme. Carolina Farhat é uma mulher intelligente e instruida, sendo por isso incapaz de commetter qualquer leviandade, sobretudo uma leviandade grave.

Que interesse teria ella em querer a morte do marido?

Mme. Farhat não possui nenhuma quantia escripturada em seu proprio nome. Além disso, conhecia a situação commercial do marido, mais do que elle mesmo e, conseguintemente, sabia que a sua morte arrastaria, acarretaria a ruina de seus negocios e a reduziria á pobreza.

Não tem, pois, nenhum interesse pecuniario na eliminação do companheiro.

Que outro interesse poderia, pois, ter ella?

Estaria por ventura cançada da vida que levava?

Estaria apaixonada por alguem?

Sem matar o marido, podia divorciar-se, e a molestia incuravel do conjuge seria razão sufficiente para o divorcio.

Se as suspeitas que pesam sobre ella são causadas por sua correspondencia commigo, esta correspondencia está nas mãos dos juizes, e estes podem verificar que não contem o que quer que seja, de offensivo á Egreja ou á Moral. Ao contrario, as cartas de mme. Farhat são a sua propria defesa e justificam sua affeição ao esposo.

Porque, então, a julgam suspeita? Porque é acusada pelos irmãos de seu marido?!

De suas cartas que não foram escriptas para ser apresentadas á justiça, pode-se ver quanto os parentes de Elias a faziam soffrer e a despresavam.

E sabeis porque motivo? Porque ella é italiana, estrangeira para elles e porque não teve filhos por culpa do marido. Eis o que eu tinha ainda a confessar. Se existe uma justiça em São Paulo, ella julgará. A's 9 horas da noite de 12-9-08.

IMPRESSÕES

O jornalismo é o maior mal do século. E' uma peste que semeia o terror em torno de si. Um rei, um homem por mais poderoso que seja, procura ser agradavel a todo jornalista, porque? Porque o jornalismo, nestes ultimos tempos, adquiriu uma liberdade sem limites. Insulta, diffama a gente, certo de que não será punido: é a liberdade da imprensa que o protege.

Não procurarei provar quaes são os males que causam os jornaes em materia politica. E' uma questão que não me interessa. A unica coisa que eu quero demonstrar é o crescimento da criminalidade, provocada pelos jornaes, é a participação moral da imprensa em todos os crimes que se commettem sobre a terra.

O homem nasce com todas as qualidades e todos os defeitos da humanidade. E' pela educação que elle recebe que deverá guardar umas e perder outros. Em uma palavra, é o que o fez a sociedade em que vive. Se vive entre pessoas piedosas será piedoso; se vive entre bandidos, será, como elles, bandido. Não póde formar-se por si mesmo; seguirá o exemplo que se lhe dér.

Um homem que recebe a melhor educação moral e que frequenta durante certo tempo os criminosos, tornar-se-á criminoso como elles.

Eis onde eu quero chegar.

Um rapaz recebe uma boa educação num collegio. E' dotado de todas as qualidades dignas de louvor. Sae para o mundo e atira-se á leitura de romances e sobretudo de jornaes diarios. Sua primeira educação está completa, porque teve o bom exemplo diante dos olhos. Agora descortina-se-lhe um novo mundo, bem diverso daquelle de onde saiu. Não ha um livro que não leia que não encerre assassinatos, roubos, odios e vinganças.

Na nossa época, qual é o homem que não lê jornaes?

E, com effeito: Não ha um dia em que os jornaes não relatem pormenores os mais terriveis sobre crimes.

Um homem que isto lê diariamente, que apprende os menores detalhes, os menores gestos dos criminosos, familiarisa-se com o crime e forçosamente, por espirito de imitação, procurará seguir o seu exemplo. E sobretudo quando se trata de grandes crimes, para os quaes se faz maior publicidade e que ficam impunes, encoraja-se o homem a ponto de tornar-se delinquente.

Eis o grande mal que familiarisa o homem com o crime e o torna criminoso.

Agora, onde está o remedio?

Eil-o: limitar a liberdade da imprensa, prohibir os jornaes de inserir pormenores dos crimes, prohibir os juizes de instrucção de revelarem a quem quer que seja particularidades sobre os crimes cujos processos lhes estejam affectos.

Deste modo os criminosos não saberão, pelos jornaes, o que fazem os juizes e não poderão tomar as suas precauções para ficarem impunes.

Feito isto, o publico guardará as suas bôas qualidades e não se familisará mais com o crime, porque os jornaes occultam com os menores detalhes os meios de o tornar criminoso.

Na prisão, 10-9-08.

REVELAÇÕES

Confessei o meu crime com todo o seu horror e com as suas menores circumstancias.

Confessei a minha premiditação para commettel-o; confessei, egualmente, que não tenho nenhum remorso de o haver praticado.

Não é sómente isto: eu mesmo estou satisfeito commigo mesmo, porque o meu coração approva o que fiz e a minha consciencia está tranquilla.

Depois da aggravação do meu caso por uma confissão tão franca, não se está ainda satisfeito. Que se quer de mim mais? Saber o movel do crime? Certamente. Mas não, já falei [ilegível].

Demais, de que serviria aos meus juizes conhecerem as razões que me levaram a commetter crime? Minhas razões, se as dou, serão uma carga de mais contra mim? Poderão ellas aggravar a minha situação, mais do que ella já o é?

Não o creio.

Pelas minhas confissões, eu ganho já o maximo da pena; seja 30 annos. Ninguem póde duvidar disso.

Pois as razões do meu crime, longe de serem uma carga contra mim (carga inutil), podem, ao contrario, conquistar em meu proveito a clemencia dos juizes e falar em minha defesa. Mas não é isto que eu procuro.

Guardo, pois, para mim e para mim unicamente o movel do meu crime. Ninguem me poderá fazel-o confessar.

Mas, os meus juizes têm já muito que fazer sem isso. E eu os lamento.

Elles querem quebrar a cabeça, velar, jejuar e depois tomar um ar solenne para me condemnar.

Mas eu, com o meu sangue frio e a minha alegria escutarei a sua sentença. O seu veridictum, longe de me espantar, alegra-me. Eu o espero para rir.

A's 10 horas da noite de 11-8-08.

MA DÉVISE

Bon avec le bon, mechant pour le mechant,
Tuer et me tuer pour sauver l'innocent,
Le faible et l'opprimé. Et pour une bonne cause
Perdre ma liberté, n'est pas si grand chose.

A' 9 h. du soir — 10/9/08.

INTRODUÇÃO [PP. 11-23]

1. José Alfredo Vidigal Pontes. Disponível em: <https://www.estadao.com.br/historico/print/resumo.htm>.
2. Roland Barthes, *Essais critiques: Structure du fait divers*. Paris: Seuil, 1964.
3. Marlyse Meyer, *Folhetim: Uma história*. São Paulo: Companhia das Letras, 1996.
4. *Annales*, jul.-ago. 1983.
5. Oswald de Andrade, *Um homem sem profissão: Sob as ordens de mamãe* (Porto Alegre: Globo, 1954), cit. por Fernando Portela, *Bonde: Saudoso Paulistano*. São Paulo: Terceiro Nome, 2006.
6. Tânia Regina de Lucca, *A grande imprensa no Brasil na segunda metade do século XX*. Disponível em: <www.brasa.org>.
7. Antonio Ricardo Soriano — *Salas de Cinema de São Paulo* (Blog).

PARTE I —
O CRIME DA GALERIA
DE CRISTAL

---

1 — O CRIME [PP. 27-40]

8. Ver a bela reconstrução de Heloisa Barbuy, *A cidade-exposição: Comércio e cosmopolitismo em São Paulo, 1860-1914*. São Paulo: Edusp, 2006.
9. *Correio Paulistano*, 06/03/1905.
10. *Correio Paulistano*, 23/02/1909.
11. *Correio Paulistano*, 27/01/1910. Uma descrição dos fatos um pouco diversa encontra-se em Edison Loureiro. Disponível em: <https://saopaulopassado.wordpress.com/author/eddy>.
12. A associação entre o vestido de Albertina e uma imaginária cerimônia de casamento chegou ao cinema. O cineasta português António Leal, radicado no Brasil, realizou, em 1909, um filme de 21 minutos com o sugestivo título de *Noivado de sangue*.
13. *O Estado de S. Paulo*, 24/02/1909.
14. Marcelo Thadeu Quintanilha Martins, "Um choque de modernidade: Policiais argentinos e brasileiros diante dos temores da globalização no início do século xx". In: xxi Encontro Estadual da Associação Nacional de História (anpuh). *Anais...* Campinas: Unicamp, 2012.

2 — A GALERIA DE CRISTAL. O CRIME-FOLHETIM [PP. 41-5]

15. Helena Barbuy, op. cit.
16. *Correio Paulistano*, 24/02/1909. Ver Valéria Guimarães, "Primórdios da história do sensacionalismo no Brasil: Os faits divers criminais". *ArtCultura*, Uberlândia, v. 16, n. 29, jul.-dez. 2014.
17. *Correio Paulistano*, 29/02/1909.

3 — OS PERSONAGENS [PP. 46-53]

18. *Correio Paulistano*, 26/02/1909.
19. Anúncios de jornal publicados em 1905-9 indicam que, com dez contos, era possível comprar uma casa modesta em um bairro paulistano.
20. *Correio Paulistano*, 19/08/1910.

4 — O ENTERRO. A REPERCUSSÃO DO CRIME. DISPUTAS NA IMPRENSA [PP. 54-65]

21. *Correio Paulistano*, 03/03/1909.
22. *O Paiz*, 10/03/1909.
23. Roberto Pompeu de Toledo, *A capital da vertigem: Uma história de São Paulo de 1900 a 1954*. São Paulo: Objetiva, 2015.
24. *O Paiz*, 12/03/1909.
25. *Correio Paulistano*, 28/02/1909.
26. *O Commercio de São Paulo*, 24/05/1909.

5 — DUAS VISÕES FEMINISTAS OPOSTAS [PP. 67-75]

27. Uma análise dos artigos de Júlia Lopes de Almeida e Carmen Dolores se encontra em Maria Angélica Lopes, "O crime da Galeria de Cristal, em 1909: a jornalista como árbitro". *Travessia*, Publicação do Programa de Pós-Graduação da UFSC, n. 23, 1991.

28. Júlia Lopes de Almeida não traduziu o texto, e a expressão "*gare aux rousses*" deixou margem a dúvidas. Traduzi, sem ter certeza, como "cuidado com os feiticeiros", a partir da antiga associação entre ruivos (*rousses*) e feiticeiros.

29. *O Paiz*, 02/03/1909.

30. *Correio Paulistano*, 02/01/1924.

31. *Correio da Manhã*, 04/03/1909.

6 — NA CADEIA PÚBLICA. O PRIMEIRO JULGAMENTO [PP. 76-92]

32. *O Commercio de São Paulo*, 24/06/1909.

33. *Correio Paulistano*, 28/02/1909.

34. Boris Fausto, *Crime e cotidiano: A criminalidade em São Paulo (1880-1924)*. 2. ed. São Paulo: Edusp, 2000.

35. Mariana de Moraes Silveira, "Vida e morte de um 'projeto bandeirante': Uma história da elaboração do Código Penal de 1940". Disponível em: <www.academia.edu/>.

36. *Correio Paulistano*, 29/06/1909. A descrição de Albertina em lágrimas e de Eliziário indiferente e superior é um dos raros textos do jornal em que os réus aparecem sob os estereótipos de gênero. Em regra, a "personalidade malsã" de Albertina sobrepõe-se à de Eliziário.

37. Beatrice Cenci (1577-99),
nascida em Roma, de família
nobre, assassinou seu pai,
o odiado conde Francesco
Cenci, em associação com
sua madrasta, seu amante
e seu irmão. Por ordem do papa
Clemente VIII, foi decapitada,
em praça pública, aos 22 anos.
O caso tornou-se famoso
e inspirou obras como as de
Schiller e Stendhal. No Brasil,
Gonçalves Dias escreveu
uma peça teatral de juventude,
intitulada *Beatriz Cenci*.
38. *Correio Paulistano*, 29/06/1909.
39. *Correio Paulistano*, 13/09/1909.

40. Ana Luiza Martins, "Vicente
de Carvalho: Poeta do mar
e cidadão da República".
Revista USP, São Paulo: USP,
n. 41, mar.-maio 1999.
41. Heloisa Fernandes. *Política
e segurança. Força Pública
do Estado de São Paulo:
Fundamentos históricos sociais*.
São Paulo: Alfa-Ômega, 1973.
Ver também José Eduardo
Azevedo, "Governamentalidade,
especialização da Polícia Militar
de São Paulo no século XX".
*Revista do Laboratório de Estudos
da Violência*, Marília: Unesp,
maio 2010.
42. *Correio Paulistano*, 27/01/1910.
43. Ibid.
44. *O Paiz*, 27/01/1910.
45. *Correio da Manhã*, 30/01/1910.

46. Cesare Lombroso (1835-1908) foi um criminologista italiano que se destacou como um dos principais nomes da chamada escola positiva do direito penal. Os positivistas contrapuseram-se à escola clássica, que fez parte do ideário iluminista e sustentava a responsabilidade do indivíduo como fundamento da punição dos crimes. Para os integrantes da escola positiva, ao contrário, a defesa do corpo social era a base do direito de punir. O Código Penal brasileiro de 1940 foi influenciado em muitos pontos pela teoria criminológica positivista. Exemplo disso é o conceito de periculosidade que motivou a aplicação das medidas de segurança, que resultaram, em muitos casos, na indeterminação da pena. Lombroso se tornou muito conhecido como defensor de uma teoria biodeterminista, exposta na sua obra *L'uomo delinquente*, segundo a qual características físicas de certos indivíduos (o tamanho e a forma do crânio, a conformação do nariz etc.) permitem inferir sua caracterização como um criminoso nato. É justo lembrar que, ao longo do tempo, ele ampliou sua tipologia do delinquente para além do criminoso nato, que considerava irrecuperável. Distinguiu então, além deste, o criminoso passional, o louco, o de ocasião e o epiléptico. Para que se tenha ideia da popularidade de Lombroso em nosso meio, pelo menos até a década de 1950 era comum uma gozação entre os alunos da Faculdade de Direito do Largo São Francisco, quando chamavam de "tipo lombrosiano" um infeliz colega que se destacasse por sua feiura.

47. *Correio Paulistano*, 20/04/1910.

48. Krafft-Ebing (1840-1902) foi um psiquiatra alemão cuja obra mais importante é *Psychopathia Sexualis*, em que delimitou o campo dos chamados desvios sexuais, como o sadismo, o masoquismo, o fetichismo e o exibicionismo. Seus estudos tiveram acentuada influência nos meios jurídicos, por sua incidência na análise da responsabilidade do agente nos crimes de natureza sexual.

49. *Correio Paulistano*, 20/04/1910.

50. *Correio Paulistano*, 19/08/1910.

9 — ÚLTIMOS LANCES [PP. 111-6]

51. *Correio Paulistano*, 18/02/1911.
52. *Correio Paulistano*, 26/11/1911.

10 — OS JULGAMENTOS DE ELIZIÁRIO: UM FINAL PREVISÍVEL [PP. 117-22]

53. *Correio Paulistano*,
    30/11/1911.

1 — NEGÓCIOS E AFETOS [PP. 125-33]

54. Lineu Francisco de Oliveira, *Mascates e sacoleiros*. São Paulo: Scortecci, 2010.

55. Oswaldo Truzzi, *Patrícios: Sírios e libaneses em São Paulo*. São Paulo: Hucitec, 2001.

56. *O Estado de S. Paulo*, 08/09/1908.

2 — O CRIME [PP. 134-40]

57. Em *A cidade de São Paulo em 1900* (2. ed., São Paulo: Governo do Estado, 1979), o jornalista Alfredo Moreira Pinto assim descreveu o Teatro Politeama, que classificou como o melhor da cidade: "É um grande barracão forrado de zinco, situado nos fundos de uma casa; tem 37 camarotes, incluindo o do presidente do Estado, doze frisas, duzentas varandas, galeria e plateia para 574 cadeiras. Tem na frente um botequim e num dos lados uma escola de tiro". Cit. por Jorge Caldeira em *Julio Mesquita e seu tempo*. São Paulo: Mameluco, 2015. v. 2.

58. *O Estado de S. Paulo*, 08/09/1908.

59. *Correio Paulistano*, 07/09/1908.

—
PARTE II — OS CRIMES DA MALA
—

3 — O SENSACIONALISMO DA IMPRENSA. FANTASIAS [PP. 141-3]

60. *O Commercio de São Paulo*, 05/09/1908.
61. Ibid. A morte de Laocoonte é um mito originário da guerra de Troia (1300-1200 a.C.). Sacerdote de Apolo, Laocoonte teria contrariado o deus, segundo uma versão, por ter se casado e tido filhos contra a vontade deste, ou, segundo outra versão, por ter lançado uma flecha contra o cavalo de Troia por perceber que o cavalo era um embuste dos troianos. Furioso, Apolo enviou duas serpentes marinhas que estrangularam Laocoonte e seus filhos.
62. *O Commercio de São Paulo*, 21/09/1908.
63. *Correio Paulistano*, 07/09/1908.

4 — RUMO A SÃO PAULO. UM "FURO" FRACASSADO [PP. 144-8]

64. *Correio Paulistano*, 08/09/1908.
65. Santos Dumont costumava usar um colarinho alto que empurrava seu pescoço para cima e servia para dar a impressão de que não era tão baixo assim.
66. *Correio Paulistano*, 06/09/1908.

5 — TRAD E CAROLINA: CARTAS DE AMOR? [PP. 149-55]

67. *Correio Paulistano*, 12/09/1908.
68. *Correio Paulistano*, 09/09/1908.
69. *O Commercio de São Paulo*, 10/09/1908.

6 — PERIPÉCIAS JUDICIAIS. PRECONCEITOS E SIMPATIAS [PP. 157-67]

70. Nascido em março de 1865, no estado do Rio de Janeiro, Pujol participou da propaganda republicana e logo se destacou na tribuna do júri e na política. Em abril de 1917, seu prestígio e seus escritos lhe valeram a eleição para a Academia Brasileira de Letras. Ele estreara quando jovem, com um artigo contra o famoso romance naturalista *A carne*, de Julio Ribeiro, publicado em 1888. O livro, tido como pornográfico, gerou uma tempestuosa polêmica, encabeçada pelo padre português Senna de Freitas, que repercutiu ao longo de várias décadas. A história gira em torno da figura de Lenita, uma jovem tida como histérica, que se destaca por sua hipersexualidade e pelo sentimento de liberdade, incomum entre as mulheres

de seu tempo. Em texto publicado na *Gazeta Mercantil* do Rio de Janeiro (1888), depois de elogiar enfaticamente o brilho estilístico de *A carne*, Pujol voltou-se para a construção dos personagens e sentenciou: "A banalidade dos tipos é deplorável; o todo é chocho, pulha, reles, pornográfico, chato, sem uma direção estética, sem unidade psicológica, sem arte, sem verdade, sem honestidade".

71. *O Estado de S. Paulo*, 15/09/1908.
72. *Correio Paulistano*, 15/09/1908.
73. *Correio Paulistano*, 15/09/1908.
74. *O Estado de S. Paulo*, 22/09/1908.
75. *Correio Paulistano*, 12/09/1908.
76. *O Estado de S. Paulo*, 15/09/1908.
77. Falar da integração dos italianos à sociedade paulistana, nos últimos anos do século XIX e no início do século XX, não significa ignorar preconceitos e desajustes, que despontaram de várias formas. Por exemplo, o conflito nas ruas do Bom Retiro, em torno do conhecido caso do Protocolo Italiano, em agosto de 1896. Também expressivos são os versos citados por Jacob Penteado em *Belènzinho, 1910: Retrato de uma época* (São Paulo: Narrativa Um, 2003), como exemplo da resistência dos paulistanos "de boa cepa" à integração dos peninsulares: "Carcamano pé de chumbo/ Calcanhar de frigideira/ Quem te deu a confiança/ De casar com brasileira?".

7 — O DIÁRIO DE TRAD [PP. 168-72]

78. *O Estado de S. Paulo*, 12/09/1908.
79. *O Commercio de São Paulo*, 27/03/1909.
80. *O Commercio de São Paulo*, 23/09/1908.

8 — TRAD DOMINA A CENA [PP. 173-83]

81. *Correio Paulistano*, 28/09/1908.
82. *O Estado de S. Paulo*, 19/03/1909.
83. *Correio Paulistano*, 19/03/1909. Azul-ferrete é um azul bem escuro, quase preto.
84. *O Estado de S. Paulo*, 19/03/1909.
85. *Correio Paulistano*, 19/03/1909.
86. Ibid.
87. *Correio da Manhã*, 26/03/1909.
88. *O Paiz*, 13/03/1910.

**9 — UMA LONGA PRISÃO.
LIVRE, MAS VIGIADO** [PP. 184-7]

89. *Correio Paulistano*, 20/08/1915.
90. Ana Gomes Porto,
    "Um esquartejado dentro da
    mala: indagações sobre um
    criminoso". In: XXVI Simpósio
    Nacional da Associação
    Nacional de História (ANPUH).
    Anais... São Paulo: USP, 2011.
91. *A Gazeta*, 30/07/1925.
92. *A Gazeta*, 21/09/1927.

**10 — O SEGUNDO CRIME
DA MALA** [PP. 188-205]

93. *A Noite*, 08/10/1928.
94. O relato tem como fontes
    o processo-crime instaurado
    contra Pistone; as matérias
    publicadas a partir de
    08/10/1928 nos seguintes
    jornais: *Diário Nacional*,
    O Estado de S. Paulo,
    A Gazeta e *A Noite*; Silmar
    Gomes, *Maria Féa:
    O crime da mala*. São Paulo:
    Clube do Autor, 2013.
95. *Diário Nacional*,
    23/10/1928.
96. *A Gazeta*, 17/07/1931.
97. *A Gazeta*, 18/06/1931.
98. *A Gazeta*, 18/07/1931.

**11 — OS CRIMES EM LETRA
E IMAGEM** [PP. 206-11]

99. *O Estado de S. Paulo*,
    24/09/1909; *O Commercio
    de São Paulo*, 25/09/1909.
100. Ana Gomes Porto, "Romance
    sensacional e história de
    crimes no Rio de Janeiro".
    Escritos, Rio de Janeiro,
    ano 4, n. 4, 2010.
101. *O Século*, 09/09/1908. Ver
    também Tatiana Oliveira
    Siciliano, *O Rio de Janeiro de
    Artur Azevedo: Cenas de um
    teatro urbano* (Rio de Janeiro:
    Mauad/Faperj, 2015), em que
    a autora transcreve o sainete
    de Azevedo.
102. *Cri-Cri*, 25/10/1908. Cit.
    em José Inácio de Melo Sousa,
    "As imperfeições do crime
    da mala: 'Cine-gêneros'
    e reencarnações no cinema
    dos primórdios", São Paulo:
    Revista USP, v. 45, 2000.
103. Paulo Emilio Sales Gomes,
    *Cinema: Trajetória no
    subdesenvolvimento*. 2. ed.,
    São Paulo/Rio de Janeiro:
    Paz e Terra, 1996.
104. Maria Rita Galvão, *Crônicas do
    cinema paulistano*. São Paulo:
    Ática, 1975.

12 — TRAD, PISTONE E MARIA FÉA EM CONFRONTO [PP. 212-6]

105. A respeito da transformação de Maria Féa em santa popular, ver Silmar Gomes, op. cit.

CRÉDITOS DAS IMAGENS

pp. 13, 20, 22, 129 (à esquerda)
e 146: Acervo Fotográfico
do Museu da Cidade de São Paulo

pp. 15, 29 (abaixo à esquerda),
32, 33, 34, 37, 47, 48, 55, 57, 59,
87, 127, 131, 132, 155, 169, 174 e 213:
Acervo Fundação Biblioteca
Nacional – Brasil

p. 19: Fotógrafo não identificado /
Acervo Instituto Moreira Salles

p. 28: Guilherme Gaensly /
Alamy / Fotoarena

p. 29 (acima): Revista *A Cigarra*
de 21 de abril de 1915

p. 29 (abaixo à direita): *Álbum
de vistas de São Paulo e Rio
de Janeiro*, 1914, editora Portella
e Puente. Coleção Benedito
Lima de Toledo

pp. 36, 83, 135, 190, 192 e 198:
Acervo Criminal Milton
Bednarski

p. 129 (à direita): Arquivo Estadão

pp. 136 e 196: DR

pp. 193 e 200: Folhapress

p. 215: Douglas Nascimento /
São Paulo Antiga

Esta obra foi composta em Fournier
por Alexandre Pimenta e impressa
em ofsete pela RR Donnelley
sobre papel Pólen Soft da Suzano Papel
e Celulose para a Editora Schwarcz
em março de 2019